Iris Muhl

Die Nacht der Versprengten

www.fontis-verlag.com

*Mut steht am Anfang des Handelns,
Glück am Ende.*

Demokrit

Iris Muhl

Die Nacht der Versprengten

*Die wahre Geschichte
einer Christnacht im Krieg*

Bibliografische Information der Deutschen Nationalbibliothek
Die Deutsche Nationalbibliothek verzeichnet diese Publikation
in der Deutschen Nationalbibliografie; detaillierte bibliografische
Daten sind im Internet über www.dnb.de abrufbar.

6. Auflage 2021

© 2015 by Fontis – Brunnen Basel
Lektorat: Dr. Ulrich Parlow

Umschlag: Spoon Design, Olaf Johannson, Langgöns
Foto Umschlag: John Gomez, Lipsett Photography Group /
Shutterstock.com
Die Fotomontagen auf der U4 und der einen Klappe basieren auf
einem Bild von: Lipsett Photography Group / shutterstock.com
Satz: InnoSet AG, Justin Messmer, Basel
Druck: Finidr
Gedruckt in der Tschechischen Republik

ISBN 978-3-03848-059-4

Inhalt

Personen 9

1. Fremde Gestalten 11
2. Sie haben Maschinengewehre 16
3. Schwer verletzt 19
4. Beinahe im Schnee erfroren 23
5. Versprengte 25
6. Die letzte Hoffnung 28
7. Der mit den Toten spricht 30
8. Im Exil? 32
9. Blanker Irrsinn 34
10. Immerhin etwas 38
11. Die Kindheit ist ein Gespenst 41
12. Früh genug 44
13. Weshalb lügst du, Mutter? 47
14. Der Tod kreist um ihn 50

15. Physikalische Gesetze 54

16. Neunzehnhundertsechzehn 57

17. Ein schwarzer Tag.................................. 59

18. Heimweh 62

19. Verschwindet! 65

20. Kriegskoller.. 70

21. Misstrauen 72

22. Der Medizinstudent............................... 77

23. Formalitäten 81

24. Beweise 83

25. Running man....................................... 87

26. Geburtsleiden 95

27. Begünstigung des Feindes..................... 100

28. Substanzlosigkeit................................ 104

29. Heilige Nacht 107

30. Verdammte Krauts.............................. 109

31. Das ist gar nicht gut 116

32. Das wird ein Nachspiel haben 119

33. Hermann 121

34. Nichts Heldenhaftes 127

35. Familie 133

36. Ein ehrenhafter Tod? 138

37. Feinheiten 143

38. Schnüffler 145

39. Schüsse 150

40. Kinder tragen keine Schuld 155

41. Vertrauen 158

42. Ein Krieg der Missverstandenen 160

43. Aus Überzeugung 164

44. Es ist wahr, Vater! 166

Nachwort der Autorin 168

Geschichtlicher Hintergrund 170

Personen

Fritz Vincken, zwölf Jahre, Sohn von Elisabeth Vincken, Hausfrau, und Hans Vincken, Bäckermeister an der deutschen Front

Elisabeth Vincken, 45, Ehefrau von Hans Vincken, aus Aachen

Frank Landers, 28, Sergeant der US-Armee, Familienvater und Bankangestellter

Will McEwan, 25, Private (einfacher Soldat) der US-Armee, Jazzmusiker

George Stafford, 22 Jahre, Private (einfacher Soldat) der US-Armee, schwer verletzt

Maximilian Peters, 30, deutscher Unteroffizier, Metzgermeister

Karl Schüssler, 24, Gefreiter, Hafenarbeiter aus Hamburg

Josef Krämer, 21, Gefreiter, Medizinstudent in Heidelberg

Arthur Lehnert, 35, Gefreiter, Familienvater und Optiker

1. Fremde Gestalten

Es war ein Tag ohne Vorzeichen. Fritz' kindliche Gesichtszüge wurden bei den eisigen Minustemperaturen dieses Winters 1944 härter. Er stapfte angestrengt durch das Weiß und hinterließ in den Schneedünen eine saubere Spur wie von einem Tier.

Während er den winzigen Holzschuppen ansteuerte, der zwanzig Meter neben dem kleinen Jagdhaus stand, trug der Wind Bombengrollen von der belgischen Grenze über die Lichtung des deutschen Hürtgenwalds. Seine Lederstiefel, die sein Vater auf dem Schwarzmarkt erstanden hatte, waren viel zu groß für ihn – Größe 42. Sie knirschten bei jedem Schritt, und Fritz spürte, dass er in ihnen keinen rechten Halt fand.

Er zog die kleine Tür des Holzschuppens auf und sog den leicht stechenden Duft des getrockneten Holzes ein. Der Schuppen war nur noch zu einem Drittel gefüllt. «Das reicht höchstens noch bis Januar», dachte Fritz besorgt. «Hoffentlich ist bis dann der Krieg endlich vorbei.» Er seufzte leise.

Fritz setzte den Korb auf dem Boden ab und langte nach den Scheiten. Seine kindlichen Hände fassten Scheit für Scheit und warfen sie in den dunkelbraunen Korb. Den hellen Klang des aufschlagenden Holzes mochte Fritz sehr. Es erinnerte ihn an sein Zuhause in Aachen, wo er mit den Nachbarskindern im Wald Holz sammelte, wenn die Kohle ausgegangen war.

Ob sein Vater bereits an den deutschen Linien war? Hatte er die Sachen besorgen können, die sie so dringend brauchten? Ein anständiges Messer, Paraffin, Butter und wenigstens ein kleines Stück Militärschokolade?

Fritz hielt inne. In seinem besorgten Gesicht sprossen die ersten Pickel. Dass er sich in der Hütte um das Feuer kümmern musste, half ihm nicht, Hautunreinheiten zu vermeiden. Als er den Korb gefüllt hatte, setzte er sich einen Moment lang in die leere Ecke des Schuppens und drehte ein Stück Holz in seinen Fingern. Er nahm sein kleines Taschenmesser, öffnete es und bohrte ein Loch in die Mitte. Er versuchte sich an eine Matheaufgabe zu erinnern und löste sie im Kopf. Anders als den meisten anderen Kindern seines Alters machte es ihm Spaß, seine Hirnwindungen kniffligen mathematischen Problemen auszusetzen.

Fritz lächelte und dachte mit Wehmut an seinen Lehrer, Herrn Dr. Kasek, den er sehr mochte. Bereits seit drei Wochen hatte er jetzt schon schulfrei, weil das Schuldach bei einem Bombenangriff der Alliierten stark beschädigt worden war.

Fritz wünschte sich sehnlichst zurück nach Aachen.

Zurück ins Schulzimmer, in seine Bank, die eigentlich zu klein für ihn gewesen war. Fritz war schlaksig, dünn, fast drohten die Beine sich beim Gehen zu verheddern. Er sah auf seine Beine, die angewinkelt vor ihm standen, als gehörten sie nicht zu seinem Körper. Sie wirkten auf ihn wie lange, dünne Streichhölzer, eingepfropft in viel zu große Schuhe.

Fritz musste unweigerlich an Julia denken, das hübsche Nachbarsmädchen. Was sie wohl von ihm hielt? Das Badezimmer ihrer Wohnung befand sich direkt gegenüber seinem Zimmer. Oft hatte er sie abends beobachtet, wie sie sich am Waschbecken gewaschen hatte. Julia besaß lange, schmale Finger, mit denen sie mit einer Zärtlichkeit über ihr Gesicht fuhr, die ihn berauscht hatte. Ihre braunen Locken fielen nach vorn und bedeckten ihren ganzen Oberkörper. Einmal, kurz bevor sie die Stadt verlassen hatten und mit seinem Vater Richtung Ardennen gereist waren, hatte sie ihn angesehen. Ihre dunkelblauen Augen waren tief in seine Seele eingedrungen. Und Fritz wusste nur ihren Namen. Julia.

Mit großer Vorsicht legte Fritz das Messer quer an das Holzscheit, schob es einen Millimeter unter die Oberfläche und hob mit wenig Druck aus dem Handgelenk ein Stück Holz ab, das wegsplitterte. Mit flinken Fingern schnitzte er eine Figur daraus. Maria oder Josef, dachte er. Egal, Hauptsache, er hatte ein Geschenk für Mama und Papa für morgen. Weihnachten. Wenn er sich beeilte, dann könnte er beide Figuren schnitzen und sie auf den Kamin stellen. Mama würde sich freuen.

Seit drei Wochen schon saßen sie fest in dieser «albernen» Jagdhütte, wie sie Fritz' Vater genannt hatte. Trotz großer Verluste von deutschen Soldaten an den amerikanischen Linien hatte Hitler am 16. Dezember den Befehl gegeben, eine neue Offensive in den Ardennen zu starten, dem ausgedehnten Waldgebirge, das westlich der Eifel vor allem auf belgischem Gebiet lag. Das wusste Fritz von seinem Vater.

Wieder vernahm er das Grollen der Bomben. Zwei oder drei Kilometer von der Hütte entfernt mussten sie eingeschlagen sein. «Fritz», hallte da eine Stimme über die Ebene. «Fritz!» Es war die Stimme seiner Mutter, und sie klang fordernd. «Wo bleibt das Feuerholz?»

Er stand auf, schob seine Holzfigur und das Taschenmesser in die rechte Hosentasche und beugte sich leicht nach vorn, um den Korb mit dem Holz zu greifen. Er war schwer. Zwölf dicke Holzscheite mochten ein Gewicht von rund zehn Kilo haben, dachte Fritz. Für einen Zwölfjährigen eine stolze Traglast. Er trat aus der Hütte und stapfte durch den Schnee. Er schwankte unter der Schwere des Korbes, der im Schnee eine breite Spur hinterließ. Ein kalter Wind blies Fritz in den Rücken, hob die Äste an den Tannen an, die wie Soldaten die Lichtung säumten.

Plötzlich blieb der Junge stehen. Er lauschte gespannt. Kein Bombengrollen mehr. Nur der Wind war zu hören, der den Schnee in immer neuen Variationen über die Lichtung schickte. Fritz hob wieder den schweren Korb an, den er für ein paar wenige Sekunden im Schnee abgestellt hatte. Die Stille des Waldes senkte sich auf ihn, und er fühlte einen tiefen Frieden.

Da durchzuckte ihn ein Schrecken. Drei Gestalten traten zwischen zwei kleinen Tannen hervor, die ihre schneebedeckten Äste auf die Erde gelegt hatten. Erst auf den zweiten Blick sah Fritz, dass es Soldaten waren. Von Panik ergriffen, ließ er den Korb fallen und rannte los, mit seinen großen Schuhen durch den tiefen Schnee. Er spürte weder seine vor Kälte tauben Hände noch die Angst, die sich nun in seinem ganzen Körper ausbreitete. «Mama», dachte er. «Ich muss zu ihr.»

Er warf seine schlaksigen Beine entschlossen nach vorn. Immer wieder blieb er stecken, kippte zur Seite, fing sich auf und stapfte weiter, so schnell es der Schnee zuließ. Sein Atem ging stoßweise, weiße Wolken traten aus seinem Mund wie bei einer langsamen Dampflok.

Das Holzhaus mit dem spitzen Giebel kam näher. Aus dem Kamin rauchte es. Er war viel zu massig angelegt für das winzige Häuschen, und Fritz hatte sich gesorgt, der Gegner könnte ihren Unterschlupf aufgrund des Rauches entdecken. «Vielleicht sind es Amis. Um Himmels willen, die Amis!», dachte er gehetzt. «Was sollen wir dann tun?»

«Mutter!», schrie Fritz aus vollem Leib. «Mutter!»

2. Sie haben Maschinengewehre

rau Vincken fuhr sich mit der Bürste durchs Haar und lauschte. Hatte da jemand geschrien?

Nach wie vor starrte sie traurig in den Spiegel. Sie glitt mit den Augen über ihren hohen Haaransatz, der ihre Stirn vorteilhaft zur Geltung brachte, dann fuhr sie über ihre schmalen Wangen. Nur ihr Mund war so geblieben, wie er schon immer gewesen war. Wohlgeformt und schön.

Wie abwesend berührte sie ihre trockenen Lippen. Sie hatte abgenommen in den letzten Kriegsmonaten. Die schmalen Essensrationen und die viel zu kleinen

Portionen Butter und Milch, die ihr Mann aus der Bäckerei an der Front nach Hause brachte, hatten sie schlank werden lassen.

Unbehagen erfasste sie.

War das nicht Fritz' Stimme? Sie erhob sich, ging zur Eingangstür und öffnete sie. Sogleich trat sie aus dem Haus.

«Kommst du jetzt endlich?», fragte sie und stellte sich in den Türrahmen. Ihr Haar war straff nach hinten zu einem Dutt zusammengebunden. Vor zwei Tagen erst hatte sie ihren Haarschopf mit Kaffeesatz gefärbt, der übrig gewesen war. Doch die weißen Strähnen waren dadurch nicht genügend abgedeckt worden. Im Sonnenlicht wirkte sie deshalb fast noch älter als ihre 45 Jahre, und ihre Adlernase warf einen Schatten auf die linke Gesichtshälfte.

«Mutter, die Amis! Drei Mann! Hol das Gewehr!», schrie Fritz.

Frau Vincken erschrak. Sie reckte ihren Hals, überblickte die Lichtung, die sie bisher für sicher gehalten hatte, und entdeckte drei unscharfe Gestalten, die langsam zu Soldaten wurden. Sie konnte nicht mit Sicherheit sagen, ob es Amerikaner oder Landsleute waren. Sie wurde nervös. Gefahr drohte.

«Komm, komm!», rief sie mit bebender, gleichwohl

gedämpfter Stimme ihrem Sohn zu, um ihn in Sicherheit zu bringen. Der duckte sich instinktiv und warf sich in die geöffnete Eingangstür, die seine Mutter sogleich hinter ihm schloss.

«Das Gewehr, nimm das Gewehr, Mutter!», schrie Fritz aufgeregt.

Langsam gewann Frau Vincken ihre Fassung zurück. «Dein Vater hat das Gewehr mitgenommen. Ich werde uns anders zu verteidigen wissen», sagte sie in einem Tonfall, den Fritz nicht so leicht hätte deuten können. War sie nun verunsichert oder todesmutig? «Du gehst in mein Zimmer», wies sie ihren Sohn mit klarer Stimme an. «Das Holz kannst du später noch holen.»

Fritz, irritiert und noch im Mantel, setzte sich aufs Bett seiner Eltern, das im Schlafzimmer stand. Die Amis waren bestimmt bis an die Zähne bewaffnet. Bestimmt würden sie sie einfach aus der Hütte vertreiben und den Rest der Suppe aufessen, die seine Mutter gekocht hatte. Fritz wusste kaum, wo er hinsehen sollte: durch die offene Tür des Schlafzimmers zur Feuerstelle, die zwischen Küche und Stube lag, auf den rechteckigen Tisch in der Mitte der Stube oder auf die Waschschüssel auf der Kommode neben dem Bett. Verwundert sah er seine Mutter an, die sich umständlich die weiße Kochschürze umband und dann in der Suppe rührte, als wäre nichts geschehen. Die Suppe verströmte einen wunderbaren Duft nach Kartoffeln, Kohl, Huhn und Karotten.

«Mutter, die haben Maschinengewehre!», rief Fritz außer sich.

Seine Mutter senkte den Kopf, als wollte sie nicht hinhören. «Dieser vermaledeite Krieg», murmelte sie auf den Suppentopf hinab.

Sie schwiegen beide.

In die Stille drangen Schritte von schweren Stiefeln, ganz offensichtlich nur von zwei Personen. «Wo ist der Dritte geblieben?», dachte Frau Vincken unwillkürlich. Ihr Herz flatterte, bevor sie ein leises, zaghaftes Klopfen zusammenfahren ließ.

3. *Schwer verletzt*

Frau Vincken drehte sich um und blickte zur Tür. Dann zögerte sie nicht, bewegte sich entschlossen auf den Eingang zu und drückte die Klinke. Ihr Sohn lief zur Schlafzimmertür und drückte sich dahinter gegen die Wand. «Was, wenn die uns was antun?», dachte er bebend.

Frau Vincken starrte die Männer an, die vor ihr standen. Tatsächlich. Es waren amerikanische Soldaten. Jetzt sackte einer von ihnen zusammen und blieb reglos im Schnee sitzen. Alle trugen sie Gewehre – eines war tatsächlich ein Maschinengewehr –, schwere Rucksäcke und eine Provianttasche. «Amerikaner!», schrie Frau Vincken innerlich. «Was wollen die von uns?»

Der müde Blick der drei Männer war von der Kälte bereits starr, an ihren Nasen und Augenbrauen hingen kleine Eiszapfen. Schwach und ausgezehrt wirkten sie. Der Mann, der im Schnee saß, war mehr blau als rot im Gesicht und keuchte.

Einige Sekunden schwiegen alle und lauschten dem Wind. Danach begann der Anführer zu sprechen.

«Good evening! Wir suchen einen Ort zum Aufwärmen. Dürfen wir hereinkommen?», fragte er höflich auf Englisch.

Frau Vincken hatte nicht verstanden. Sie antwortete auf Französisch, bewegte sich gleichzeitig auf die Treppe zu: «Ich verstehe Sie nicht, sprechen Sie Französisch?»

Sogleich gab der Anführer auf Französisch zur Antwort: «Ja. Haben Sie einen Platz für uns zum Schlafen?»

Was sollte sie antworten? Ihr Mann war nicht hier. Sollte sie die Soldaten hereinbitten? Verunsichert blickte sie auf die Gewehre, die die Männer unter dem

Arm hielten, die Läufe zu Boden gerichtet. Was waren ihre Absichten? Weshalb waren sie nur zu dritt?

Frau Vinckens Beine zitterten und drohten ihr wegzusacken. Stattdessen kippte der kranke Soldat, der im Schnee saß, wie ein schwerer Mehlsack zur Seite.

Instinktiv stürzte Frau Vincken die Treppe hinunter und kniete sich bei ihm nieder.

«Um Gottes willen. Was ist denn mit ihm los? Helfen Sie mir. Wir müssen ihn reinbringen», rief sie erschrocken, obwohl sich alles in ihr gegen diese spontane Entscheidung sträubte. Fast hätte sie dabei ihren Atem verloren. Sie schluckte schwer, als müsste sie die ganze Angst in einem fort herunterschlucken.

«Bei uns ist es warm», sprach sie mechanisch und spürte, wie sie sich selbst verlor. Sie hatte gehofft, hier im Mittelgebirge mit Mann und Sohn in Sicherheit sein zu können, dem Krieg entkommen zu können. In diesen Sekunden brach ebendiese Hoffnung allerdings wie ein Kartenhaus in sich zusammen.

«Die Gewehre lassen Sie bitte draußen. Ich habe ein Kind. Es wäre gefährlich, wenn Waffen in der Stube stünden», bat sie die Männer mit verzweifelter Stimme.

Die Soldaten sahen sie misstrauisch an. Die Gewehre draußen lassen? Konnte man dieser Frau denn trauen? War das klug? Der Anführer zögerte und blickte auf seinen Kameraden, der kraftlos im Schnee lag. Er wusste, dass all ihre Ideale verloren waren. Der Kampfgeist war dahin, die Menschenliebe an der Front vergessen. Die Sehnsucht nach Heimat lag schwer auf den Soldatenseelen, und die Kälte schürte die Zweifel am Sinn des Ganzen.

«Okay», sagte der Anführer entschlossen und stampfte die Treppe hinauf auf die kleine Veranda; der zweite Soldat folgte ihm.

Aus der Hütte strömte ihnen Wärme entgegen. Dankbar und erleichtert, in ein warmes Haus eintreten zu können, legten sie die Gewehre bereitwillig auf die Bank vor dem Haus und deckten sie mit einer Wolldecke ab. Dann schälten sie sich aus ihren feuchten Wintermänteln, die sie an die Haken an der Innenseite der Tür hängten, und atmeten auf. Die schweren Rucksäcke stellten sie in eine Ecke. Die Blechgeschirre, die an den Außentaschen hingen, schepperten.

«Thank you, Ma'am», sagte der zweite Soldat mit dunkler Stimme und trat wieder nach draußen, um seinen im Schnee liegenden Kameraden ins Haus zu tragen. Er hob ihn auf seine Schultern und brachte ihn herein.

Der Anführer, ein gut aussehender Mann mit leicht rötlichem Haar, lächelte Frau Vincken an. Sie staunte über sein sympathisches Lachen. Doch konnte sie ihm trauen?

4. Beinahe im Schnee erfroren

«Mein Name ist Sergeant Frank Landers. Und das sind Private Will McEwan und Private George Stafford. Er wurde angeschossen.» Er zeigte auf seinen verwundeten Kameraden, der über den Schultern von McEwan lag. Er war bereits ganz grau im Gesicht. Seine Nase leuchtete indessen blaurot.

Mit besorgter Miene und einer tiefen Falte zwischen den Augen beobachtete Frau Vincken die Männer.

«Kommen Sie. Wir legen ihn in mein Bett. Dort ist es warm», sagte Frau Vincken entschlossen. McEwan trug den Verletzten ins Schlafzimmer.

Sein nasser Soldatenmantel wog schwer, und Schnee fiel von seiner Uniform auf den sauberen Holzboden. Frau Vincken kam eine Duftwolke von muffiger Kleidung und Schweiß entgegen. Eilig hatte Fritz für den Soldaten die Bettdecke zurückgezogen, damit er ins Bett gelegt werden konnte. McEwan ließ den Verwundeten vorsichtig von seinen Schultern gleiten.

Der sank erschöpft ins Laken, erstarrt vor Kälte und Schmerz, und schloss dankbar die Augen. «Ah», ein erleichtertes Stöhnen entrang sich seiner Brust. Er versuchte sich auf der weichen Matratze zu entspannen.

«Bitte, Fritz, hol Holz. Wir müssen weiter einheizen.

Sie müssen die Sachen trocknen und Wasser kochen, um die Wunde auszuwaschen», bat Frau Vincken ihren Sohn.

Der blieb einen Augenblick stehen und warf einen scheuen Blick auf den halb tot wirkenden Soldaten. Sein Haar klebte wirr auf der schmutzigen Stirn, eingefallen und knochig waren seine Wangen. «Er wird zu einem Knochenmann», dachte Fritz aufgewühlt.

Die dreckigen Soldatenhände klammerten sich nun an die Wolldecke, krallten sich zusammen und öffneten sich dann wieder entspannt. «Die Schmerzen», blitzte es durch Fritz' Kopf. «Er hat sicher furchtbare Schmerzen!» Dann entdeckte Fritz etwas unter der jetzt schlaffen Hand des Verwundeten: Die braune Kette eines Rosenkranzes lag darin und wühlte sich schüchtern in die Decke. «Er ist Amerikaner und trägt einen Rosenkranz? Ich dachte, die hätten allesamt keinen Glauben!», wunderte er sich. Das ging alles eindeutig über sein Wissen hinaus.

«Wir helfen dem Feind», spann Fritz seine Gedanken weiter. Bedeutete das nicht die Todesstrafe? «Wenn das auffliegt, werden sie uns erschießen!», hallte es in seinem Kopf. Wusste seine Mutter überhaupt, was sie da tat? Hatte sie nicht gesehen, dass es Amerikaner waren, die sie ins Haus gebeten hatte? Unglaublich! Das war schließlich immer noch der Feind!

Langsam stieg Ärger in Fritz auf. Seine Mutter würde sie alle in Schwierigkeiten bringen. Unfassbar! Wirklich unfassbar! Der Junge zitterte äußerlich und bebte in seinem Innern. Am liebsten hätte er laut geflucht. Doch das Fluchen hatte ihm sein Vater verboten.

«Schnell, Fritz, lauf», rief nun seine Mutter mit Nachdruck.

Fritz stürzte zur Tür hinaus und zog sie sogleich hinter sich zu. Gut, dass er rauskonnte. Er hätte es keinen Augenblick länger in diesem Haus ausgehalten. Er rannte durch den Schnee zum Holzschuppen. Dort warf er zornig Scheite gegen die Wand, so dass es knallte. Wutentbrannt schrie er immer wieder: «Sie werden uns alle erschießen!»

5. *Versprengte*

«Sie sind Amerikaner?», fragte Frau Vincken, die eineinhalb Jahre lang Französisch in einem katholischen Internat in Berlin gelernt hatte.

«Oui, Madame», gab Frank Landers zur Antwort und sah sich in der kleinen Jagdhütte um. Er bemerkte, dass die Messinghaken an der Eingangstür leicht schief angebracht worden waren und der braune Teppich im Eingangsbereich von ihren Stiefeln nass und schmutzig war. Der Schnee, den sie mit hereingebracht hatten, schmolz leise zu großen, schwarzen Flecken.

Gleich neben dem Eingang war eine einfache kleine Küche mit einem Waschbecken aus Naturstein, einem rußigen Holzherd, der einmal bessere Tage gesehen haben mochte, und halb leeren Gestellen aus Fichtenholz. Acht große Aufbewahrungsgläser, teils gefüllt, teils leer, standen ordentlich auf drei kurzen Regalbrettern. Ein blaues Leinenhandtuch hing an einem eingeschlagenen Nagel in der Ecke. Feuer knisterte im Ofen.

«Darf ich mir die Hände waschen?», fragte der Sergeant. Sein bruchstückhaftes und holpriges Französisch klang seltsam.

«Natürlich!», antwortete Frau Vincken und wandte sich dann dem Verwundeten zu. Sie half ihm, die feuchten Schuhe auszuziehen, und schälte ihn vorsichtig aus seinem Mantel, seiner Jacke und den schmutzigen Hosen, die so oder so nur noch in Fetzen an seinen Beinen hingen. Man konnte noch nicht sagen, wie es um Stafford stand. Aber seine Glieder waren schlaff, und sein Gesicht schien bereits apathische Züge anzunehmen.

Kein Wort sprach die Frau des Hauses. Dabei hatte sie so viele Fragen, und ein riesiger Stein lag ihr auf den Atemwegen. Es war ihr, als hätte sie eine merkwürdige Angst entfesselt, die sie schon lange bei sich vermutet hatte. «Warum nur erwischt der Krieg uns alle immer auf dem falschen Fuß?», überlegte sie.

Dem muffigen Geruch von dickem, altem Uniformstoff, schnee- und regendurchnässt, mischte sich nun ein schales, metallenes Aroma von Blut und Wundwasser bei. Zaghaft wickelte sie das Verbandszeug vom linken Bein des Soldaten. Kurz warf sie einen Blick auf ungewaschene Socken, fettiges Haar und das schmutzige, ölige Gesicht des Kranken, das sich immer wieder verzerrte vor Schmerz. Es wurde ihr schwer, aber sie ließ sich nichts anmerken.

«Es gibt Dinge in diesem Krieg, die sind weit schlimmer», dachte sie still bei sich. Die vielen Toten am Rand des Weges, der in den Hürtgenwald hineinführte, der zunehmende Mangel an Nahrungsmitteln und die unberechenbare Gewalt, die überall, wo man hinkam, jederzeit auszubrechen drohte.

Noch nie hatte sich Frau Vincken in ihrem Leben derart geschämt, eine Deutsche zu sein. «Was macht dieser Krieg bloß aus uns?», fragte sie sich erschüttert. Ja, was machte er mit den Menschen?

6. Die letzte Hoffnung

«Aaah!», brüllte Stafford. Bestürzt sah Frau Vincken, dass sie beim Entfernen des Verbandes die Wunde erneut aufgerissen hatte. Blut lief über sein Bein und färbte das Laken rot.

«Kommen Sie, Sergeant, helfen Sie mir!», rief sie Landers zu, der sich in der Stube ans Fenster gestellt hatte, um die Umgebung im Auge zu behalten. Landers rannte ans Bett, während Frau Vincken ihr Halstuch, das sie locker um den Hals geschlungen trug, hastig abnahm und um Staffords verletztes Bein band.

«Ich muss die Blutung stoppen. Er wird sonst nicht überleben!», rief sie.

Besorgt starrte Landers auf das Laken, auf dem sich inzwischen ein großer Blutfleck gebildet hatte. Frau Vincken stürzte aus dem Schlafzimmer und eilte durch die Stube in die Küche, riss eine saubere Holzschale vom Küchenbrett, griff eine halb volle Flasche Branntwein und nahm ein frisches Handtuch von oberhalb der Spüle, rannte zur Haustür hinaus und sprang in den Schnee. Sie füllte die Schale mit unberührtem Schnee, der an der Oberfläche gefroren war, rannte wieder die Treppe hinauf und warf die Tür hinter sich zu. Am Krankenbett schob sie den Sergeant beiseite und legte

Schnee auf die trotz des notdürftigen Halstuch-Verbandes immer noch blutende Wunde. Stafford stöhnte laut auf. Doch dann wurde er merkwürdig still.

«Ich stoppe die Blutung mit Eisschnee», flüsterte sie Landers zu.

«Sie sind unsere letzte Hoffnung», gab der leise zurück. «Er ist noch sehr jung», fügte er wie entschuldigend hinzu, als sei er verantwortlich für die Not seines Kameraden.

«Jung – das sind Sie alle», meinte Frau Vincken mitfühlend. Vorsichtig legte sie etwas Eisschnee in das Handtuch und faltete es akkurat zusammen. Sergeant Landers hielt den Atem an, als er sah, wie sie das Tuch fast zärtlich auf die klaffende Wunde legte. Liebevoll strich Frau Vincken dem vor Schmerzen stöhnenden Soldaten das Haar aus dem Gesicht, als wäre es ihr eigener Sohn. Niemand sprach ein Wort, bis die Schmerzen dem Kranken aus dem Gesicht wichen.

Dann setzte sich Frau Vincken auf einen Stuhl und begann, das verletzte Bein behutsam mit dem Alkohol aus der Branntweinflasche abzutupfen. Stafford zuckte zusammen, zog das Bein an, murrte und schrie, bis er schließlich, durch den hohen Blutverlust geschwächt und von der Behandlung erschöpft, in einen tiefen Schlaf fiel.

Vorsichtig verband Frau Vincken das Bein mit frischem Verbandsmaterial und blickte, als sie endlich fertig war, Landers aufmunternd an, der die ganze Zeit über unruhig am Bett gestanden hatte. Dann schloss sie für einen kurzen Augenblick erleichtert die Augen.

Doch wirkliche innere Ruhe wollte sich bei ihr nicht einstellen. Wie würde das alles nur enden?

7. Der mit den Toten spricht

Sergeant Frank Landers war trotz seiner Fronterfahrung nicht abgestumpft. Vor drei Wochen hatte eine deutsche Granate seinem besten Freund einen großen Splitter ins Herz gejagt. Er starb auf der Stelle. Landers saß noch eine Weile bei ihm, um mit ihm zu sprechen. Das war in diesem Krieg sein Ritual geworden. Er sprach immer mit den Gefallenen, sonst fand er keine Ruhe, und die Toten, da war Landers überzeugt, würden auch keine Ruhe finden. Er legte ihm die Hände über der aufgerissenen Brust zusammen, schloss seine aufgesperrten Augen und sprach ein Gebet, das er von seiner Mutter gelernt hatte: «Herr, du versprichst uns die Ewigkeit, und nun will ich dich bitten, lass diese Ewigkeit für meinen Freund Wahrheit werden.»

Dann schnitt er seinem gefallenen Freund eine dunkelblonde Haarsträhne ab und steckte sie ein. Er nahm seinen Helm vom Kopf und verabschiedete sich mit den Worten «Träum schön, Hitzkopf». Dann war er mit seinen Leuten aus der Gefahrenzone gerobbt. Dem Kondolenzbrief an die Eltern würde er die Strähne beilegen.

Frank Landers war ein Mann, der sich selber schlecht kannte. Er kannte weder sein unerschütterliches Gerechtigkeitsempfinden noch sein Herz. Er selbst hatte in solchen Augenblicken den Eindruck, seltsam geläutert zu sein und der Wahrheit zu folgen. Landers empfand diese stillen Minuten mit den Toten als eine sonderbare Kraftquelle. Denn jedes Mal entstanden Bilder in seinem Kopf von Gemeinsamkeit und Freundschaft, die ihn trösteten und ihm über den Verlust hinweghalfen. Anders hätte er den Krieg wohl nicht mehr ausgehalten.

231 Tage hatte er bereits überlebt. Manchmal fragte er sich ernsthaft, ob es wirklich ein Überleben war oder einfach nur ein Davonkommen in ein anderes, schreckliches Sein. Er hatte sich eine gewisse äußerliche Leichtigkeit angesichts all der furchtbaren Dinge und Um-

stände angewöhnen müssen, um den Schrecken und den Tod auf den Schlachtfeldern auszuhalten. Aber diese Leichtigkeit, die er sich gleichsam als Schutzschild und Panzer zugelegt hatte, verabscheute er im Grunde zutiefst.

8. Im Exil?

Landers beobachtete Frau Vincken, wie sie sich erhob und umdrehte, als er sie überraschend am Handgelenk packte. Das Herz schlug ihr plötzlich bis zum Hals. Sie spürte, wie das Blut ihr in den Schläfen pochte, versuchte sich aber nicht zu befreien, denn eine unheimliche Teilnahmslosigkeit überkam sie. Es war ihr, als würde sie ihr Innerstes verschließen, um gerade noch einen Rest zarter Menschlichkeit zu retten. Gegen zwei Soldaten, das wusste sie, konnte sie nichts ausrichten.

Landers spürte dieses wilde Pochen an ihrem Handgelenk. Es drang an seine Finger, die ihr das Blut abschnürten. «Wissen Sie, dass Sie sich in ernsthafte Gefahr begeben, wenn Sie uns hier unterbringen?», fragte er ernst.

Frau Vincken atmete erleichtert auf und lächelte schüchtern. Sie brauchte eine kurze Pause, um sich eine passende Antwort zurechtzulegen.

«Ich lasse Sie da draußen doch nicht erfrieren! Wir haben Minustemperaturen», gab sie scheinbar selbstsicher zur Antwort. Ihre Knie jedoch zitterten immer noch. «Merkwürdig», dachte sie, «mein Herz wird immer wieder zur Mördergrube, ohne es zu wollen. Das macht der Krieg aus uns. Es ist also doch nur kindlicher Leichtsinn, sich hier in den Wäldern zu verstecken.»

«Wir befinden uns im Exil», hatte ihr Mann noch gescherzt. Frau Vinckens Brust wurde schwer. Im Exil. In Tat und Wahrheit waren sie hier ungesichert und schutzlos den Kämpfen und versprengten Soldaten ausgeliefert. Und sogleich musste sie an ihren Mann denken, der auch irgendwo da draußen herumirrte. Heute sollte er zurück sein. Heute. Doch keine Spur von ihm.

Frau Vincken wurde von einem mulmigen Gefühl überrollt. Wenn er verletzt war wie dieser Soldat hier und irgendwo hilflos im Schnee lag? Nein, die deutschen Soldaten würden schon dafür sorgen, dass ihrem Bäcker nichts geschähe. Die Wehrmacht sorgte gut für das Personal, das sich um Essen und Wohlergehen ihrer Soldaten kümmerte, redete sie sich ein. Und es beruhigte sie.

Zumindest für den Augenblick.

9. Blanker Irrsinn

tafford fühlte, wie wieder Leben in seinen Körper kam. Er konnte seine Zehen spüren, die Hände, die Nasenspitze und seinen aufkommenden Hunger. Die köstliche Hühnersuppe, die über dem Feuer kochte, tat das Ihre dazu. Sie duftete wunderbar. Unvermittelt durchzuckte ihn ein scharfer Schmerz im Bein. Er fuhr zusammen und verzog das Gesicht, so dass Frau Vincken ihm gleich an die Stirn fasste, um seine Temperatur zu überprüfen.

«Fieber, er bekommt Fieber», erklärte sie besorgt. Sie überlegte, was sie machen könnte, um das Fieber zu senken, als sich unversehens die Haustür öffnete. Ein eiskalter Wind blies in die dunkle Stube hinein, und Schneestaub legte sich auf den Teppich im Flur. Fritz hob das schwere Holz in das Haus, warf es polternd vor den Kamin und machte ein ernstes Gesicht. «Wenn diese Amis hier im Wald herumirren, sind vielleicht unsere Soldaten auch nicht weit», dachte er beunruhigt.

Frau Vincken schien seine Gedanken lesen zu können. Neben dem Kamin legte sie ihm die Hand auf die Schulter und blickte ihm in die Augen. Nur unwillig ließ er es geschehen. Seine Mutter spürte, wie ihr die Adoleszenz den Sohn langsam, aber spürbar zu stehlen begann. Sie lebte mit ihm nur noch in einem Familien-Provisorium, während vor der Tür bereits die Erwachsenenreife auf ihn wartete.

Sie schwankte mit ihrem Oberkörper, gleichzeitig aber auch mit ihren Gefühlen. Und dann antwortete sie: «Heute ist ein besonderer Tag, Fritz. Heiligabend. Mach dir keine Sorgen.»

«Hast du eine Ahnung, was die mit uns machen, wenn sie uns erwischen?», zischte er in sonderbar dunklem Tonfall, als wollte er ihr das Bedrohliche ihrer Lage überdeutlich machen.

«Ja, ich weiß», gestand Frau Vincken, die verlorenen Augen fest auf den Boden gerichtet und selber verwundert über ihren gefährlichen Tatendrang. Schweißperlen sammelten sich auf ihrer Stirn. Ihr Leben war bis zum Krieg stetig und in geordneten Bahnen verlaufen. Entscheidungen hatte sie nur zusammen mit ihrem Mann gefällt. Hätte sie anders entschieden, wenn ihr Mann hier gewesen wäre? Hätte er die Männer fortgeschickt?

Sogleich verwarf sie den Gedanken. Bewaffnete amerikanische Soldaten fortschicken – wie hätte das denn gehen sollen?

«Wer den Feind begünstigt, wird erschossen, Mutter!» Fritz' Zittern in der Stimme blieb nicht unbemerkt. Die Amerikaner blickten sich an. Landers stand auf.

«Du brauchst keine Angst zu haben, Junge. Wir tun euch nichts», wollte er Fritz auf Französisch beruhigen.

Fritz begriff nicht. Seine Mutter übersetzte: «Er sagt, du brauchst dich nicht zu fürchten, Fritz.» In seinen Ohren klang es wie Hohn.

«Das ist blanker Irrsinn, Mutter!», warf Fritz ihr vor, und seine Stimme klang hart.

Eine Weile blickte sie ihren Sohn entschuldigend an, als wollte sie sagen: «Es tut mir leid, aber das Leben läuft gänzlich anders, als wir es uns wünschen.» Dann erklärte sie Landers mit ruhiger Stimme: «Wir befinden uns nah an den deutschen Linien. Jederzeit kann hier die Wehrmacht auftauchen. Es gibt viele Versprengte. Besonders auch deutsche Fallschirmjäger.»

Unvermittelt überkam sie ein weiterer Schauer, und sie stand wie angewurzelt da. Ihr Gesicht verlor alle Farbe, und sie musste sich setzen. Die Bausteine ihres bisherigen Lebens zogen wie in einem Film an ihr vorüber. Immer wenn sie verunsichert war, versuchte sie, Fragmente ihres Daseins zu einem logischen Gebäude zusammenzusetzen, um sich selbst zu beruhigen.

«Wie in aller Welt soll das in mein bescheidenes Leben passen?», fragte sie sich. Bestimmt würde ihr Mann wütend werden, erführe er von ihrer Entscheidung und ihrem Handeln. Anderseits wäre der verwundete Soldat erfroren, hätte sie ihm nicht geholfen. Sie hörte ihre Stimme im Kopf, als würde sie sich selbst Mut zusprechen: «Schon in Ordnung, Elisabeth. Es ist in Ordnung.» Sie musste an ihren Vater denken, der im Ersten Weltkrieg beinahe in Kälte und Schnee gestorben wäre, hätten ihn damals nicht Zivilisten gerettet.

«Wir werden diesen Leuten geben, was wir haben. Es ist Heiligabend», versuchte sie ihren Sohn zu überzeugen.

Und mit einem Mal wurde ihr leicht ums Herz. Eine tiefe Ruhe und die feste Überzeugung, das Richtige getan zu haben und zu tun, überkamen sie. Mit einer mütterlichen Geste fuhr sie Fritz über die Wange.

Er hasste es, wenn sie das tat, und warf seinen Kopf zur Seite. Er war ja schließlich kein Kind mehr! «Es ist ein Fehler», dachte er, immer noch aufgebracht. «Sie macht einen Fehler!»

«Geh und hole bitte noch sechs Kartoffeln für unsere Gäste», wies Frau Vincken ihn an. Die Soldaten nickten dem verwirrten Jungen zu. Es war ein freundschaftliches Nicken, ein Zeichen des Vertrauens.

Schlecht gelaunt stürzte Fritz erneut aus dem Haus und schlug unerwartet hart die Tür zu, so dass die Fensterscheiben zitterten.

10. Immerhin etwas

cEwan und Landers sahen sich fragend an. Sie ahnten, weshalb der Junge solche Angst hatte. Dann blickten sie auf Stafford, der im Bett vor sich hin döste. Obschon er in der warmen Umgebung lag, sah er blass aus. Seine Lippen blieben blau, die Augen hielt er geschlossen. Wenigstens atmete er regelmäßig.

«Wie steht es, George? Hältst du durch?»

Stafford versuchte zu nicken, aber es fiel ihm sichtlich schwer. Er hob seine rechte Hand, die sogleich wieder schlaff aufs Bett zurückfiel. Frau Vincken nahm eine rote Wolldecke aus der kleinen Kommode und deckte ihn zu.

«Ich brauche Medikamente, wenn ich ihn durchbringen will. Er braucht dringend Ruhe», sagte sie auf Französisch zu Frank Landers. Sie hoffte, Stafford würde sie nicht verstehen. Landers nickte besorgt.

«Wir haben etwas Wein, vielleicht kann er damit ruhig schlafen.» Landers ging durch die Stube zu seinem Rucksack, aus dem er eine Flasche Wein herausholte. Er hielt sie gegen das Licht. Das Innere war gefroren.

«Frozen wine like a huge ice lolly!», rief er. Lächelnd hielt er die Flasche über den Dampf der Hühnersuppe mit Gemüse, die nach wie vor wunderbar duftete.

McEwan nahm endlich den Helm ab und fuhr sich

mit der Hand durch das schwarze Haar, so dass Frau Vincken ihren Blick einige Sekunden lang nicht von ihm losreißen konnte. «Hart wie eine Pferdebürste», scherzte McEwan auf Englisch, und Landers übersetzte. Sie lächelte ihn an, und McEwan trommelte mit seinen Händen auf die Beine. Er schlug einen Takt. «Chu-chu-kechu!», sang er fröhlich und klatschte in die Hände.

«Wir haben es also geschafft!», rief er begeistert und tat so, als wäre er hier schon seit Jahren zu Hause.

«Diese Amerikaner», dachte Frau Vincken unwillig, «immer müssen sie sich aufspielen!» Sie wandte ihren Blick ab und beugte sich über Stafford, der jetzt leise zu schnarchen begann.

«Was haben wir geschafft?», wollte Landers wissen.

«Wir werden heute Nacht nicht erfrieren», sang McEwan fröhlich und legte seine Hände hinter den Kopf. Seine Worte entsprangen eher einer tiefen seelischen Not denn einer oberflächlichen Freude, und Landers spürte das.

Der Sergeant schüttelte den Kopf, als wollte er die drei vergangenen Tage aus seinem Gedächtnis verbannen. Mit Bitterkeit ließ er die vielen Toten, die sie auf ihrem Weg gesehen hatten, vor seinem inneren Auge vorbeiziehen. Das Bild des jungen Soldaten, der sich an seinem Fallschirm stranguliert hatte, ließ ihn erschauern. Wie alt mochte er gewesen sein? Achtzehn, vielleicht neunzehn Jahre?

Es kam ihm so vor, als gleiche alles einem Trauerhaus, egal, wo er sich mit seinen Leuten aufhielt. In der Feldküche hatten sich der Geschmack und der sonst so gesunde Soldatenappetit verabschiedet, im Lazarett waren sogar die Ärzte melancholisch geworden, und an der Front war das Leiden derart übermächtig, dass manche Kameraden desertierten. Wenn die Hoffnungslosigkeit einmal um sich griff, das wusste der Sergeant, dann flüchteten auch die begeisterten Anhänger des Krieges.

«Mann, wir sind schon seit Tagen alleine unterwegs. Ein Wunder, dass wir nicht im Wald festgefroren sind. Und heute gibt's sogar was Warmes in den Magen!», rief McEwan.

Ja, es war ein Wunder, dachte Landers mit einer Klarheit, die ihn selbst erstaunte. Wann hatte er sich das letzte Mal so sicher und geborgen gefühlt wie in dieser Hütte? Er konnte sich nicht erinnern. Er spürte nur, dass es ihn an sein Zuhause erinnerte, ja an seine Kindheit, obwohl die nicht immer glücklich gewesen war. Aber Kinder suchen nicht als Erstes das Glück, sondern Sicherheit und Vertrauen.

McEwan lachte erneut laut, und seine Stimme klang rau. Dann warf er fröhlich die Hände in die Luft, so dass Landers ihm warnend Handzeichen gab. Der Amerikaner ließ sich seine Freude jedoch nicht nehmen und rief: «Stafford, bald kannst du an deinem Glas nuckeln. Dieser Wein wird dir süße Träume bringen, da kannst du drauf wetten. Du musst mir aber auch einen Schluck übrig lassen, alter Knabe, sonst muss mich jemand in den Schlaf singen.»

Gedankenverloren ließ Landers sich auf einem wackeligen Stuhl am Fenster nieder und fuhr mit der Hand über seinen Bart. «Wenn ich nur meinen Sohn sehen könnte», dachte er wehmütig. Mit den Fingerspitzen fuhr er über die Fensterscheibe und malte einen Namen: Henry William. Der Name seines neugeborenen Sohnes.

«Wenigstens haben wir eine Zuflucht gefunden», dachte er. «Immerhin etwas.»

11. *Die Kindheit ist ein Gespenst*

Jetzt öffnete sich erneut die Tür, und Fritz legte die sechs Kartoffeln auf den Tisch. Verblüfft stellte er fest, dass im Haus eine geradezu friedliche Atmosphäre herrschte, und warf seine Jacke auf einen Stuhl.

«Danke», sagte Frau Vincken und unterließ es, mit ihm zu schimpfen. Sie mochte es nicht, wenn Fritz seine Kleidung nachlässig irgendwo hinwarf und sie ihm jeden Tag hinterherräumen musste. Doch offenbar hatte Fritz beschlossen, weiterhin zu schmollen.

Frau Vincken tauchte die Kartoffeln in ein Wasserbad auf dem Stubentisch. Das Wasser war kalt, doch sie spürte die Kälte nicht auf ihrer Haut. Ihren Blick ließ sie dabei über die Soldaten gleiten. Schwer genug war es gewesen, ihr Haus für die feindlichen Soldaten zu öffnen, dachte sie. Und jetzt sollte sie auch noch ein Gespräch in Gang bringen und die ungebetenen Gäste unterhalten?

Immer wieder tauchten bei ihr eingespielte Rituale auf, Verhaltensweisen, denen sie nicht auf die Schliche kam. Diese Anweisungen stammten nicht aus ihrem Herzen, das wusste sie, sie kamen aus dem Kopf und waren Teil ihrer strengen Erziehung gewesen. «Tu dies, tu das», hörte sie ihre Mutter immer noch in scharfem Ton sagen.

«Die Kindheit ist ein Gespenst in der Erwachsenenwelt, das es zu bändigen gilt», dachte sie. Auch die zahlreichen Ohrfeigen der Mutter, die sie abends vor dem Zubettgehen einstecken musste für ihre Taten – ein fehlendes Dankeschön, unerlaubtes Reden während des Essens, das Aufheben eines sterbenden Wurms auf der Straße –, hatten sie zu dem gemacht, was sie jetzt war: eine dienende Mutter, Hausfrau und Gastgeberin, die es allen recht machen wollte und sich selbst alle Gefühle verbot.

Insgeheim spürte sie, dass sie die Soldaten am liebsten so schnell wie möglich loswerden wollte, um sich und ihren Sohn in Sicherheit zu wissen. Sekundenlang starrte sie auf die müden Männer. Und bekämpfte ihre innere Auflehnung.

Wie schön das Haar von Stafford war, trotz seines ungepflegten Zustands. Bisher war ihr das gar nicht aufgefallen. Es lag wie ein Kranz auf seinem Kopfkissen. Auf irgendeine Weise fand Frau Vincken die Hakennase interessant, konnte aber nicht genau sagen, weshalb. Vielleicht, weil sie ihn sehr männlich machte.

«Was hat der Soldat denn, Mutter?», wollte Fritz plötzlich wissen, seine Missstimmung verdrängend.

«Er hat eine ernste Schussverletzung am Schienbein. Berühre ihn also nicht, wenn du ihm etwas bringen musst», warnte seine Mutter.

«Ja, ja», gab Fritz leicht genervt zur Antwort. Erst hatte er seinen Lieblingsplatz auf Mutters Bett aufgeben müssen, wo er gerne in seinen Astronomie- und Physikbüchern las, und dann hatte ihn die Mutter auch noch angewiesen, Holz zu holen. Fehlte nur noch, dass er jetzt den Boden schrubben müsste … «Dieser Weiberkram. Dann werde ich im Schuppen übernachten», dachte Fritz wütend.

Frau Vincken zündete noch eine zweite Kerze an, die auf dem Esstisch stand, weil es inzwischen sehr düster geworden war. Sie nahm die Kartoffeln und schnitt sie mitsamt der Schale in die Hühnerbrühe. Sie stand ganz nah bei Sergeant Landers, der immer noch die Weinflasche hielt und seine Gastgeberin aufmerksam beobachtete. Er kam nicht umhin, an seine Mutter zu denken, die an Weihnachten ebenfalls in der Küche gestanden und einen Truthahn mit Rosmarinöl mariniert hatte. Dabei hatten sie sich alle Jahre wieder einen Spaß daraus gemacht, alte Weihnachtsliedertexte in neue Melodien zu packen.

Und bei diesem Gedanken und dieser Erinnerung packte ihn eine Sehnsucht, die er fast nicht zu ertragen vermochte.

12. Früh genug

«Darf ich?», fragte er die Hausherrin schüchtern und zeigte auf ein Wasserglas, das auf dem Wandbrett stand. Sie nickte und rührte in der Suppe. Dampf stieg aus dem Topf auf, und ihr wurde es heiß im Gesicht. Sie nahm ein großes Stück Holz, öffnete die Feuerklappe und schob es in die Flammen. Landers zog mit seinem Taschenmesser den Korken aus der Weinflasche und füllte das Glas bis zum Rand. Wie ein Kind freute er sich über den rauchigen Geschmack des Weins, obwohl ihm erst vor einigen Tagen der Kopf gedröhnt hatte, nachdem er bei einer Feier mit Kameraden wohl etwas zu tief ins Glas geschaut hatte.

Im Lager wurde viel getrunken, zu viel. Nachschub war immer vorhanden. General Eisenhower sah zu, dass seine Soldaten stets an genügend Hochprozentiges herankamen. Nur die Piloten durften keinen Alkohol anrühren. Die Bodentruppen waren forscher und besonders unerbittlich im Kampf, wenn sie sich vorher Mut angetrunken hatten.

«Hier, George, spül den Schmerz hinunter. Das tut gut.»

Stafford gab keinen Laut von sich. Er ließ sich das Glas an den Mund führen, während Landers seinen Kopf leicht anhob und ihm den Wein zügig in den Schlund kippte. Stafford war durstig. Er trank den Rebensaft wie frisches Wasser. Aber das Schlucken fiel ihm schwer. Er hustete und spuckte etwas auf die geblümte Decke.

Frank Landers zog sein Taschentuch aus der Hosentasche und wischte ihm den Mund ab. Mit glasigen Augen starrte Stafford seinen Sergeant an. In seinem Blick lag nur die eine stumme Frage: Wie lange noch?

Sie zu erraten war für Landers nicht schwer. Er beruhigte seinen still leidenden Kameraden: «Nicht mehr lange, George. Dann bist du wieder zu Hause.»

Stafford wandte den Kopf zur Seite. Niemand sollte die Angst in seinen Augen sehen können.

«Weißt du eigentlich, dass ich dich beneide?», log der Sergeant witzelnd. «In wenigen Wochen wirst du wieder bei deinen Leuten sein, während ich hier noch Grenzdreck fressen muss.»

Mühsam versuchte Stafford, seine Tränen zurückzuhalten, während er seine Mundwinkel zu einem angestrengten Lächeln hochzog. Landers spürte einen dicken Kloß im Hals.

«Alles wird gut werden, glaube mir», sagte er hilflos und legte Stafford freundschaftlich die Hand auf die Schulter.

Stafford hasste diese nichtssagenden, ja verlogenen Aussagen, die sich wie Krankheiten in den Soldatenalltag eingeschlichen hatten. «Hör auf, Frank, hör mit diesem verdammten Mist auf!», stieß er hervor. «Nichts, hörst du, absolut nichts wird gut werden. Ist dir eigentlich klar, dass wir hier alle verrecken?»

Umständlich wischte er sich die Tränen von der Wange und schob Landers' Hand weg. Leise zog der Sergeant seine Hand zurück und legte sie wie ein Schuljunge, der vom Lehrer getadelt worden war, auf seinen Rücken.

Frau Vincken und Fritz senkten peinlich berührt die Köpfe. Sie hatten die Szene verstanden. Nun war es geschehen. In diesem Augenblick hatte Stafford ein Stück des Grauens und Leidens des Krieges offenbart. Dinge, die eine Mutter vor einem Zwölfjährigen zu verschleiern versuchte, um ihn unversehrt in die Adoleszenz hinüberzuretten. Früh genug würde Fritz diesen gefährlichen, geheimnisvollen Dingen mit seiner Neugierde in Büchern und Gesprächen begegnen. Früh genug.

13. Weshalb lügst du, Mutter?

Reglos saß Fritz am Fenster und wischte sich die Hand an der Hose ab. Seine kleine Nase lief schon seit Tagen, und er beobachtete, wie die Tropfen lautlos auf die braune Hose fielen. Eine Müdigkeit überkam ihn wie eine angenehme Betäubung.

«Wenn der jetzt stirbt?», fragte er sich. Dann müssten sie ihn hier vor dem Haus begraben. Und dann? Würden dann noch mehr Amis kommen und hier in ihrem Haus Schutz suchen, um zu sterben?

«Das sind doch Feinde! Wir schulden den Amis nichts», dachte er weiter, und seine Furcht wandelte sich in Ärger, ja Wut. «Sollen sie doch dorthin abhauen, wo sie hergekommen sind. Sollen sie doch aus Deutschland verschwinden, diese verdammten GIs.»

Tod, Verzweiflung und Leiden sprangen in seinem Kopf wild hin und her. Ja, sie hatten vor zwei Wochen etwa 200 Meter von der Hütte entfernt in nördlicher Richtung zwei tote deutsche Soldaten im Wald entdeckt. Sie lagen Kopf an Kopf unter einer großen Tanne, als hätten sie sich für ein Nickerchen hingelegt.

«Sie sind eingeschlafen und erfroren», hatte Fritz' Mutter gelogen. Doch der Junge hatte die Löcher in den Mänteln gesehen. Ein Einschussloch in der Schulter des jungen Soldaten, das zweite auf Höhe des Herzens. Der andere Soldat war offensichtlich im Gesicht getroffen worden. Beide waren höchstens neunzehn Jahre alt gewesen.

«Weshalb lügst du Mutter?», hatte Fritz vorwurfsvoll gefragt. «Schau doch hin. Sie wurden erschossen, verdammt noch mal!»

Doch sie hatte weder auf ihn geachtet noch sein Fluchen getadelt, hatte die Soldaten stattdessen vorsichtig mit Tannenzweigen und mit der rührenden Fürsorge und Trauer einer Mutter abgedeckt und dabei keine einzige Träne geweint. Dann hatte sie ein kleines Kindergebet gesprochen, das Fritz von früher kannte: «Lieber Gott, nun schlaf ich ein, schicke mir mein Engelein, das an meinem Bettchen kniet und nach meinem Herzchen sieht, dass es treulich bei mir wacht durch die ganze lange Nacht …»

Auch wenn es ein Kinderlied war, fanden sie es passend. Es war Fritz nicht einmal peinlich. Die beiden hatten noch eine Weile bei den Soldaten gestanden in einer schweigenden Versunkenheit. Der Tod legte ohne Unterschied der Person ein Band von Trauer auf die Menschen, und Fritz hatte gespürt, dass seine Mutter nicht allein um die jungen Soldaten trauerte. Ihre Trauer galt auch seinem Bruder Hermann.

Von da an fürchtete sich Fritz davor, alleine im Wald zu spielen, obwohl dieses Waldstück seit seiner Kindheit seine zweite Heimat war. Wenn er seine Augen über die Bäume gleiten ließ, dann kannte er die große Waldschneise gegenüber der Hütte, in der eine alte Tanne auf dem Boden lag und ein Fuchs seinen Bau hatte. Oder die kleinen Laubbäume hinter dem Holzschuppen, die nur langsam wuchsen, weil da keine Sonnenstrahlen hingelangten.

Fritz dachte an die Gewehrsalven, die jeden Tag aus dem Westen kamen. «Das Ganze ist eine einzige Katastrophe!», schrie es in ihm. Er war nicht imstande, seine wirren Gedanken zu bändigen. Wie lange würde dieses Etwas noch andauern, dem er keinen Namen mehr geben wollte, weil es ihm jedes Mal den Hals zuschnürte?

Das Holz reichte nur noch bis Januar. Januar! Und was war mit dem Essen? Der Kartoffelsack war schon beinahe leer, das wusste er. Bestimmt hatten sie nur noch fünf oder sechs Pfund Kartoffeln übrig. «Wir werden von Brot und Wasser leben müssen», dachte Fritz resigniert. Von Brot und Wasser – wenn sie die kommende Nacht überstehen sollten, würden sie hier wie im Gefängnis leben.

14. Der Tod kreist um ihn

Die Gesichter verschwanden in der Stube langsam in der grauen Dezemberdunkelheit. Die Dämmerung stahl den Soldaten die Abzeichen von den Uniformen, und sie nahm ihnen die besorgten Gesichter.

Frau Vincken kniete an Staffords Bett und kühlte ihm die Stirn mit einem feuchten Lappen. Dann wandte sie sich der Wunde zu und bemühte sich, sie vorsichtig und mit größter Sorgfalt abzutupfen. Der Patient verzog das Gesicht und zuckte jedes Mal zurück, wenn sie sich mit der Hand dem offenen Bein näherte. Anschließend verband sie das Bein mit einem Streifen Stoff, den sie von einem ihrer guten Leinentücher abgerissen hatte.

Staffords Fieber musste unbedingt gesenkt werden. Sie stützte sich auf den Stuhl, erhob sich und ging in die Küche. Im Regal stand neben Zwiebeln, getrockneten Gewürzen und einem Glas mit Haferflocken auch eine Flasche Essig. Mit einer schnellen Handbewegung nahm sie die Flasche, öffnete sie und kippte einen Schuss Essig in die Waschschüssel mit dem kalten Wasser, die auf der kleinen Kommode stand. Dann kramte sie aus der Kommodenschublade ein Paar graue Wollsocken ihres Mannes hervor und tunkte sie ins Essigwasser.

«Ich bereite ihm Essigsocken. Er hat immer noch Fieber. Es geht ihm schlechter, als ich angenommen habe.»

Landers übersetzte für McEwan, und beide machten besorgte Gesichter. Sie unterhielten sich aufgeregt in der Stube. Im Haus machte sich die seltsame Mischung von Hühnersuppenduft und beißendem Essiggeruch breit.

Frau Vincken eilte erneut zu Staffords Bett. Sie sorgte sich sehr um den fremden Soldaten. «Was tun sie diesen jungen Leuten nur an?», dachte sie wütend. Sie schob die Bettdecke beiseite. Einen langen Augenblick öffnete der Fiebernde die Augen. Wirr blickte er sie an.

«What are you doing, woman?», flüsterte er erschöpft.

Das Bein war angeschwollen, und er schloss wieder die Augen, aus Angst, sie könnte ihm Schmerzen zufügen. Nach kurzer Überlegung zog sie ihm behände seine schon lange nicht mehr gewechselten Socken aus und streifte ihm mühsam die ausgewrungenen Essigsocken über.

Jetzt flatterten die Augenlider des Kranken. Die Schmerzen wurden immer stärker, gingen wie eine Flutwelle durch seinen Körper. Seine Hand griff nach Frau Vinckens dünnem Arm. «Martha?», fragte er mit weit aufgerissenen Augen.

Martha? Mit wem verwechselte er sie da? Frau Vincken nahm seine Hand zwischen ihre beiden Hände und sah ihn an. Seit Jahren hatte sie nicht mehr mit einem Notleidenden gebetet, aber jetzt war es unumgänglich. Mühsam versuchte sie, sich an ein passendes Gebet zu erinnern. «In ihm ist das Leben, und das Leben ist das Licht der Menschen», flüsterte sie ihm zu und schloss die Augen.

Es hatte sie Überwindung gekostet. Es schien ihr, als ob sie für alles, was sie hier tat, unendlich viel Kraft aufwenden musste, Kraft, von der sie gar nicht mehr wusste, dass sie noch da war. Sie spürte, wie ihre innere Müdigkeit überhandnahm. Dieser Krieg hatte ihr Leben und das ihrer Familie von Anfang an derart durcheinandergebracht, dass sie sich heute manchmal wie eine Fremde im eigenen Körper fühlte.

Landers und McEwan starrten Frau Vincken überrascht an. Sie hatten sie die ganze Zeit beobachtet. Weshalb sollten sie ausgerechnet einer Deutschen trauen? Aber was blieb ihnen in ihrer Lage anderes übrig?

Stafford wandte den Kopf ein wenig zur Seite, weil er seine Tränen nicht zeigen wollte. Es war ihm nicht verborgen geblieben, dass der Tod um ihn kreiste. Sein schwarzes Haar glänzte, die Brauen zogen sich streng über seinen Augen zusammen. Die Falten eines alten Mannes hatten sich in seinem jungen Antlitz wie Furchen eingegraben. Angstvoll und gepeinigt blickten seine Augen aus einem vor Schmerz verzerrten Gesicht. Er sah furchtbar elend aus.

«Sie lassen ihn doch nicht sterben, Ma'am?», fragte Landers tonlos.

«Wenn das meine Absicht wäre, hätte ich ihn draußen im Schnee liegen lassen können», gab sie mit einem bemühten Lächeln zur Antwort. Sie tupfte dem Soldaten ganz sanft die Stirn ab und streichelte ihm über das Haar.

Sergeant Landers schwieg beschämt. Er hätte nicht an ihr zweifeln dürfen.

Langsam erhob sich McEwan und wanderte durch die Stube. Er setzte sich an den Kamin und zündete sich an einem glühenden Scheit eine Zigarette an, die derart hell aufglomm, dass Frau Vincken erst jetzt bemerkte, wie dunkel es bereits geworden war.

15. Physikalische Gesetze

«Was ist eigentlich mit Ihnen geschehen? Woher kommen Sie?» Mit ihrer Frage an Sergeant Landers durchbrach Frau Vincken das Schweigen.

Er antwortete bereitwillig, sein Französisch reichte jedoch nicht aus, alle Einzelheiten genau zu erklären.

«Wir waren in der Nähe des Flusses, die Maas heißt er, oder? Jedenfalls waren wir bei Monschau und versuchten gegen die Deutschen standzuhalten …»

Landers zögerte, er wusste nicht recht, was und wie viel er in Anwesenheit einer Deutschen berichten konnte.

«Dann verloren wir unsere Einheit, weil wir uns um Stafford kümmern mussten, und irrten drei Tage im Wald umher. Es ging ihm immer schlechter, doch wir fanden nicht zu unseren Leuten zurück, deshalb suchten wir einen Unterschlupf und trafen auf dieses Haus.»

«Können wir bald essen, Ma'am?», wollte McEwan wissen. Landers übersetzte.

«Ja, das Essen ist in zehn Minuten bereit», sagte Frau Vincken mit ruhiger Stimme.

Sie sah ihren Sohn an, der immer noch aufgewühlt am Tisch saß, die Hände ineinander verkeilt, sein Mund war zu einem schmalen Strich geworden. Es tat ihr leid, dass sie und auch der Krieg ihrem Sohn so viel Sorgen bereiteten. Vor ihm lagen einige seiner Bücher. Er nahm ein dickes, schweres Buch vom Tisch, öffnete es und begann, darin zu lesen. «Die Wunder der Erde», stand auf dem ledernen Einband, darunter der Untertitel «Die physikalischen Gesetze der Erde». Fritz liebte Physik und las manchmal stundenlang in diesem Werk.

Ganz freiwillig tat er es allerdings nicht, denn seine Mutter hatte ihm geboten, täglich ein paar Stunden für die Schule zu lernen, wenn er schon nicht mehr am Unterricht teilnehmen konnte. In Physik und Mathematik hielt er sich sehr gut, aber Deutsch war ihm ein Gräuel. Er hasste Grammatik, die Rechtschreibung und vor allem die schrecklichen Kommaregeln, die er bis heute nicht verstanden hatte. Sein Lehrer sagte immer: «Lies laut vor, dann weißt du, wohin die Kommas springen!» So ein Idiot! Wie sollten Kommas springen? Das leuchtete Fritz absolut nicht ein.

Sprache war behäbig, langweilig und immer gleich. Die Bücher, die er gelesen hatte, waren fast alle zum Einschlafen. Mit Ausnahme von «Das Gespenst von Canterville» von Oscar Wilde und «In 80 Tagen um die Welt» von Jules Verne. Diese beiden Bücher verschlang er immer wieder. Aber das war's auch schon.

«Fritz, willst du uns nicht ein wenig vorlesen?», fragte Frau Vincken. Sie spürte, dass die Soldaten ungeduldig wurden, weil sie hungrig waren. Sie würden bald in der warmen Stube einschlafen, wenn sie sich nicht unterhielten. Dabei dauerte es bloß noch ein paar Minuten, bis das Essen fertig sein würde.

«Wozu, die verstehen doch eh nichts, Mutter. Das sind Amis. Die verstehen kein Wort von dem, was wir sagen.»

Sein Ärger kam nicht von ungefähr. Fritz las nicht gerne vor, er machte Fehler, stolperte über lange Wörter, las langsam. Sollte er sich hier etwa zum Narren machen? Dass die Amis nichts verstehen würden, war unwesentlich. Er wollte einfach nicht. In der Schule hatte er nur eine Drei in Vorlesen erhalten.

«Benimm dich, Fritz. Es ist nicht wichtig, was sie verstehen oder nicht. Es geht um die Geste. Sie sind bei uns zu Gast. Wir wollen ihnen Gutes tun», erwiderte Frau Vincken mit Nachdruck.

«Gutes tun! Wenn man uns erwischt, werden wir erschossen, Mutter! Und du sprichst davon, Gutes zu tun!», gab Fritz zurück.

Tränen der Angst und der Wut wollten ihm in die Augen treten, mit Mühe hielt er sie zurück. Er warf das Buch auf den Tisch und stürzte aus der Haustür. Hart schlug sie ins Schloss.

Frau Vincken senkte müde den Kopf. Sie fühlte sich schuldig.

16. *Neunzehnhundertsechzehn*

Frau Vincken hatte als Siebzehnjährige miterlebt, wie ihre Mutter vor der Haustür ein halbes Dutzend Kriegswaisen abgewiesen hatte. Es war 1916 gewesen. Der Erste Weltkrieg. Sechs kleine Kinder, die aus einem Waisenhaus ausgerissen waren, hatten vor ihrer Tür um Brot gebettelt. Sie waren bereits durchgefroren, wussten nicht, wo sie übernachten sollten. In ihre kleinen Ohren drang die mächtige Stimme der Hausherrin. «Geht, ich habe nichts!», hatte die Mutter gerufen und sie ohne Brot weggeschickt. Enttäuscht waren die Kinder abgezogen.

Schlimmer als die Abweisung aber war für Frau Vincken, damals noch mehr Mädchen als Frau, dass ihre Mutter gelogen hatte. Sie verfügten über genügend Essen. «Ich will kein Gesindel in meinem Haus!», hatte die Mutter gezetert. «Gesindel», an dieses böse Wort dachte Frau Vincken auch heute noch mit Scham.

Tage später hatte sie auf dem Heimweg eins der Kinder getroffen und ihm den Rest ihres Pausenbrotes gegeben. «Wo sind die anderen?»

«Alle im Wald erfroren», hatte der kleine, hungrige Junge geantwortet und eifrig in das Butterbrot gebissen.

Sie hatte ihrer Mutter die Schuld gegeben für den Tod dieser Kinder. «Gesindel», dachte Frau Vincken erneut. «In meiner Welt gibt es kein Gesindel», sprach sie laut aus.

Die Soldaten sahen auf.

Frau Vincken hatte sich immer die tiefsinnige Frage nach der Schuld gestellt. Wer hatte die vielen Toten verschuldet? Weshalb war dieser Hitler an die Macht gelangt? Sie verstand es nicht. Fühlte sich in ihrem Kopf wie das junge Mädchen, das dem Jungen das Pausenbrot reichte. Nur das Wesentliche verstand sie: Menschen brauchten Essen, Wärme und eine helfende Hand.

Aber das Leben war nicht so einfach. «Es ist kompliziert», sagte ihr Mann immer. Auch jetzt war es kompliziert. Trotzdem hatte sie die Soldaten hereingebeten. Hätte sie den Verletzten ohne Hilfe lassen sollen, weil das Leben kompliziert war?

Es war still in der Hütte. Sie hörten das Feuer knistern und die Suppe brodeln. Alles angenehme Geräusche. Fast hätten sie sich an die Stille gewöhnt.

Da drang unerwartet Lärm an ihre Ohren.

17. Ein schwarzer Tag

«He, Junge, was tust du da?», unterbrach eine energische Männerstimme die Schneestille, die über dem Wald lag.

«Wohnt hier deine Familie?», schrie eine andere Stimme ungehalten.

«Ist dein Vater da? Habt ihr was Warmes zu essen? Wir sind hungrig», riefen die tiefen Männerstimmen plötzlich in einem wilden Durcheinander.

Frau Vincken erblasste. Langsam legte sie die Hand vor den Mund, schluckte schwer und begann am ganzen Leib zu zittern. Was sie um alles in der Welt hatte vermeiden wollen, nahm in diesem Augenblick seinen Anfang. Und sie hatte richtig verstanden: Die Männer sprachen deutsch. «Fritz ist draußen!», fiel es ihr wie Schuppen von den Augen.

Landers und McEwan hoben den Kopf wie witternde Hunde, standen auf und blieben in Habachtstellung. «Die Gewehre liegen draußen auf der Bank!», durchfuhr es Landers entsetzt. McEwan zog lauernd ein Messer aus dem Schaft seines Gürtels, blickte in Landers' Augen und erschauerte. Solche gehetzten Augen hatte er bei seinem Sergeant noch nie gesehen. Als es klopfte, wusste McEwan, dass Landers zu allem bereit war.

Eine merkwürdige Stille legte sich über die Jagdhütte. In diesem Augenblick wünschte sich Frau Vincken sehnsüchtig in ein fernes Land jenseits aller kriegerischen Handlungen. Sie hörte ihren aufgeregten Atem, registrierte das Pulsieren in ihren Schläfen. Aber sonderbarerweise spürte sie ihren Körper überhaupt nicht mehr, so als hätte er sich in Luft aufgelöst. Diese wenigen Sekunden schienen unerträglich lang, und Landers sah, wie Frau Vincken ihren Kopf einzog, als müsste sie sich vor einem Unwetter schützen.

Landers blickte McEwan an und wies mit dem Kopf Richtung Schlafzimmer, wo Stafford lag. Daraufhin lief er leichtfüßig zur Eingangstür und drückte sich daneben an die Wand, während McEwan ins Schlafzimmer eilte und seinen kranken Kameraden bis zum Kinn zudeckte, damit die Uniform unter der Decke verschwand.

«Das ist ein schwarzer Tag», dachte Frau Vincken, während sie nach Luft rang. Sie ging zögerlich zum Hauseingang und öffnete fiebernd und gleichzeitig fröstelnd die Tür einen Spaltbreit. Sie hatte sich nicht getäuscht, und sie hasste es in diesem Augenblick, recht behalten zu haben.

Am Fuß der Veranda standen vier deutsche Soldaten und richteten ihre Gewehre auf sie.

«Halt! Langsam heraustreten!», rief eine eisige Stimme.

Frau Vincken trat langsam aus der Tür. Wie ein Zelt bedeckte die Düsternis den Wald. Vier graue Köpfe starrten auf die Frau, die sich ihnen nun langsam näherte.

«Mutter», flüsterte Fritz mit bebender Stimme und

trat zu ihr, und Frau Vincken spürte, wie seine Hand die ihre streifte. Wie Figuren in einem Schachspiel ruhten alle in Position, in Erwartung des nächsten Zuges. Frau Vincken hörte den ängstlichen Atem ihres Sohnes, und sie fasste seine Hand mit einer Entschlossenheit, die nur liebende Mütter in aller Konsequenz aufzubringen vermögen.

Vor Kälte schlotternd, verfolgten die Soldaten mit ihren Blicken die sonderbare Hüttenbewohnerin, die hier mitten im Wald wie aus dem Nichts aufgetaucht war. Im fahlen Licht, das schwach aus dem Haus drang, leuchtete Frau Vinckens Leinenschürze gespenstisch, als wäre es ihre einzige Aufgabe, das letzte Licht in die Nacht hinüberzuretten. In diesem Augenblick wurden Sekunden zu Stunden, und niemand wagte, auch nur ein Wort zu sagen.

18. Heimweh

Fünftausend Gedanken rasten Frau Vincken durch den Kopf, während sie die Hand ihres Sohnes fast zerdrückte. Sie räusperte sich, um keinesfalls den falschen Ton zu treffen.

«Fröhliche Weihnachten», sprach sie in gespielter Gelassenheit, während ihr Inneres vibrierte.

Die Stimme der Frau und ihr Friedenswunsch durchfuhren die Männer wie ein Blitzschlag. Diese Worte schienen geradezu unverschämt. Mitten im Krieg, in einer eisigen Nacht, in der nur die allernotwendigsten, die überlebenswichtigen Dinge zählten, wünschte ihnen eine Fremde ein fröhliches Weihnachtsfest. Augenblicklich weckte dies in den Soldaten ein unbezähmbares Gefühl von Heimweh, das die kriegsgestählten Männer aus dem Konzept brachte.

«Sie bleiben jetzt stehen!» Ungehalten über diese unerwartete scheinbare Dreistigkeit der Fremden, herrschte der Unteroffizier sie in militärischer Manier an, als hätte Frau Vincken ihn um seinen ganzen Jahressold betrogen.

«Peters, langsam!», versuchte ein Gefreiter ihn zu beschwichtigen. Er machte zwei Schritte in Richtung Haus. Jetzt stand er bewusst im Schussfeld des Unteroffiziers, um die Lage zu entschärfen.

«Das sind Zivilisten. Die sind nicht gefährlich», setzte der Gefreite ruhig hinzu. Er kannte den Dickschädel seines Vorgesetzten nur zu gut. Redete man fordernd auf ihn ein, handelte er oft aus Trotz gegensätzlich.

«Meinen Sie, ich könnte das nicht selbst beurteilen,

Krämer?», konterte der Unteroffizier. Doch seine Stimme klang unberechenbar. Erneut vergingen Sekunden in Schweigen.

«Was tun Sie hier in diesem Waldabschnitt?», fragte der misstrauische Deutsche scharf. Übelgelaunt, wie er war, verstand er offensichtlich keinen Spaß.

«Das ist unsere Jagdhütte. Ich lebe hier mit meinem Sohn. Mein Mann ist in der Nähe von St. Vith als Bäcker an der Front. Wir warten hier auf ihn!»

«Ach. Hier im Niemandsland?», bellte der Unteroffizier mit leisem Hohn in der lauten Stimme.

Instinktiv spürte Frau Vincken die Zerbrechlichkeit der Lage. Sie wusste, dass sie jetzt mit Entschlossenheit handeln musste, um die Situation zu retten – und das Leben von Menschen.

«Ja, genau. Im Niemandsland. Und weil wir uns hier befinden, wo die Grenzen in Unklarheit verschwinden, legen Sie die Waffen unter diese Bank. Hier wird nicht geschossen, sage ich.»

Fritz schluckte und schloss die Augen. «Gleich drücken sie ab», dachte er entsetzt. Ein feines Wimmern bewegte sich aus seiner Brust in den Hals und weiter hinauf. Jetzt versuchte er, es in seiner Kehle aufzuhalten. Es gelang. Er warf den gesenkten Kopf nach hinten und blickte geradeaus in die schwankenden Gewehrläufe.

19. Verschwindet!

«Du hast uns nichts zu befehlen, Frau», gab der Unteroffizier gereizt von sich. Seine Hände waren bereits steif gefroren, und sein Groll der letzten Tage brach aus ihm heraus. Sein Finger hing gefährlich locker am Abzug.

Frau Vincken begann zu zittern, und ihre waghalsige Entscheidung, die Amerikaner ins Haus zu lassen, bereute sie jetzt zutiefst. Ihr bisheriges Wohlwollen zerbrach in tausend kleine Stücke. «Geht fort», schrie sie innerlich. «Verschwindet!» In ihrem Innern schluchzte es lautlos.

Vorsichtig drehte sie den Kopf zur Seite und sah, wie Fritz sich von der Veranda langsam zum Hauseingang schob.

«Ich bringe meinen Sohn in Gefahr», dachte sie tief betrübt. «Wären wir doch bloß nicht hierhergekommen, sondern in Aachen geblieben. Wir hätten bei meiner Schwester wohnen können. Warum habe ich denn nicht auf sie gehört?» Verzweiflung machte sich in ihr breit. «Und jetzt werden sie uns erschießen», dröhnte es in ihrem Innern. Die Gedanken überrollten sie mit einer Wucht, dass sie ins Taumeln geriet.

Unteroffizier Peters starrte auf Frau Vincken. Sie

stand da wie eine feine Lichtgestalt, die zarten Umrisse mit schwarzblauer Tinte gemalt. Plötzlich schluchzte sie unnatürlich tief auf und ließ den Kopf sinken.

Peters erschrak. Bis ins Mark erschüttert, blieb er wie angewurzelt stehen. Dieses unglückliche Schluchzen stammte aus einer anderen Zeit. Jahrelang hatte er gehofft, nie wieder an diese Zeit erinnert zu werden. Und jetzt war sie wieder da. Glasklar und eisig.

«Peters, was wollen Sie tun?», fragte Gefreiter Krämer in besänftigendem Ton, um seinen Vorgesetzten aus dessen aufwühlendem Tagtraum zu reißen. «Herr Unteroffizier!», versuchte er es nun noch einmal mit Nachdruck, als dieser nicht reagierte.

Niedergeschlagen besann sich der Anführer. Es war schwer für ihn, eingebrannte Jahre innerhalb von Sekunden mit leichter Hand wie ein gelesenes Buch zur Seite zu legen.

Durch die offene Tür entwich der herrliche Duft von Hühnersuppe in den Wald hinaus, und die Mienen der Soldaten begannen sich langsam aufzuhellen. Einer von ihnen, er war etwas kleiner als die anderen, stellte sein Gewehr neben den Fuß und zog seinen Helm aus. «Das riecht wunderbar, ist das Brühe?», wollte er wissen.

Frau Vincken merkte, dass auch die beiden anderen einfachen Soldaten ihre Waffen senkten und schnupperten. Nur der aufgebrachte Unteroffizier richtete weiterhin sein Gewehr auf sie.

«Wir haben unsere Einheit verloren und möchten gern bis Tagesanbruch warten», erklärte er nun etwas gelassener. «Können wir bei Ihnen bleiben?»

Und wieder schienen die Sekunden des Schweigens nicht enden zu wollen.

«Natürlich», meinte Frau Vincken schließlich. Sie musste schlucken, bevor sie fortfahren konnte: «Sie bekommen auch eine Mahlzeit und einen heißen Kaffee, solange noch was da ist!», rief sie den Soldaten zu.

Fritz kam langsam wieder auf sie zu. Sie nahm ihn in den Arm und schob ihn dann sachte hinter sich, damit er nicht in der Schusslinie stand. Nun nahm sie ihren ganzen Mut zusammen, um ruhig zu erscheinen. Es ging um Leben und Tod. Der Gewehrlauf war nach wie vor auf sie gerichtet.

«Wir haben schon drei Gäste hier. – Heute ist Heiligabend, und hier wird nicht geschossen», fügte sie mit fester Stimme hinzu.

Die drei einfachen Soldaten hoben aus Angst, in einen Hinterhalt geraten zu sein, erneut ihre Gewehre und zielten auf die wehrlose Frau.

«Wenn Sie mit uns essen wollen und meine Gastfreundschaft in Anspruch nehmen, müssen Sie sich an meine Regeln halten», antwortete Frau Vincken mit entschiedener Stimme.

Einen Moment lang schwiegen alle. Da entdeckte der Unteroffizier unter der Decke auf der Verandabank die Umrisse der Waffen, die die Amerikaner dort abgelegt hatten.

«Sind etwa Amis bei Ihnen?», fragte er misstrauisch und voller Anspannung.

Frau Vincken wusste selbst nicht, woher ihr die Kraft zu der Entschlossenheit kam, mit der sie antwortete. «Sie könnten alle fast meine Söhne sein und die da drin auch. Einer von ihnen ist verwundet und ringt um sein Leben. Und seine Kameraden sind so verirrt, hungrig und müde wie ihr. In dieser Heiligen Nacht denken wir nicht ans Töten!»

Frau Vincken hatte das Handgelenk ihres Sohnes gepackt und drückte es erneut derart fest, dass Fritz hätte aufschreien können. Doch er brachte keinen Mucks heraus. Er schluckte nur und hielt den Atem an.

«Das ist Verrat. Feinden Unterschlupf zu gewähren, darauf steht die Todesstrafe!», rief der Eifrige.

«Wir befinden uns hier im Niemandsland. Wer weiß schon, wem dieser Boden gehört. Die Grenzen verändern sich zurzeit täglich. Wie gesagt, dieser schwer kranke Mann ist in seinem Zustand weit davon entfernt, jemandem gefährlich zu werden. Er hat Hilfe verdient, so wie Sie auch Hilfe von mir angeboten bekommen. Ich habe Hühnersuppe gekocht, frisches Brot gebacken und eine Flasche Wein auf den Tisch gestellt. Wollen Sie das ausschlagen, weil Sie im Niemandsland auf einen Verwundeten treffen, der ums Überleben kämpft und keinen anderen Gegner mehr kennt als seinen eigenen Tod?», fragte sie herausfordernd.

Der Unteroffizier schwieg. Er schien nachdenklich geworden zu sein.

«Was ist mit den beiden anderen? Sind die auch kampfunfähig?», wollte er wissen.

«Nein, aber sie haben ihre Waffen hier draußen abgelegt. Ins Haus kommt mir keine einzige Waffe», sprach Frau Vincken in militärischem Ton, den sie in dieser Situation für angemessen hielt, so fremd er ihr sonst war.

Der Unteroffizier gab sich plötzlich einen Ruck und stellte sein Gewehr ab. Die drei anderen Soldaten ließen ihre Waffen wieder sinken. Doch so gänzlich schien der Unteroffizier der Sache nicht zu trauen. Jedenfalls zögerte er und musterte die Frau misstrauisch.

«Genug geredet! Die Suppe wartet!», rief Frau Vincken und drehte sich um, um sich am Türrahmen abzustützen. Ihre Kraft drohte sie jeden Augenblick zu verlassen.

Einen Moment schien die Zeit stillzustehen. Alle schwiegen, bis plötzlich ein durchdringender Schrei die Soldaten zusammenzucken ließ. Es war Stafford. Er hatte im Fieber aufstehen wollen und war zurück ins Bett gefallen.

20. *Kriegskoller*

Unteroffizier Peters senkte den Kopf. Sein Körper war müde und seine Seele matt. Länger war das nicht mehr zu ertragen. Dieses stundenlange Umherirren im verschneiten Wald mit der Angst im Nacken, jederzeit in die Hände der Amis zu geraten. Er gestand sich ein, dass er den Weg falsch gedeutet hatte. Sie hätten bereits einen Kilometer vorher weiter westlich gehen sollen, dachte er wütend, aber seine Augen hatten versagt.

Seinem Vorgesetzten hatte er nichts verraten wollen. Doch seit einigen Wochen hatte sich bei ihm eine Sehschwäche mit gelegentlichen Kopfschmerzen eingestellt, die ihm zu schaffen machte. Die freundschaftliche Vertraulichkeit mit seinem vorgesetzten Offizier wollte er nicht aufs Spiel setzen, und deshalb schwieg er.

Peters wusste, dass Vorgesetzte oftmals ein Vertrauensverhältnis vorspielten, um die Truppe bei Laune zu halten. Rangunterschiedliche Freundschaften waren jedoch letztlich nicht möglich, hatte Peters feststellen müssen. Und vielleicht gerade aus dieser Enttäuschung heraus lag Unteroffizier Peters viel an seinen Soldaten. Wenn er auch die Stimme eines Tyrannen besaß und seine Leute nicht nur gelegentlich anherrschte, sorgte er sich doch insgeheim um sie.

«Legt das Schießzeug auf die Veranda und kommt rein!», sagte Frau Vincken mit klarer Stimme und setzte selbst als Erste den Fuß über die Türschwelle.

Nicht nur Peters war müde, auch seine Leute waren erschöpft. Nach den wochenlangen verlustreichen Gefechten im Hürtgenwald hatten sich hier und da Mutlosigkeit und Murren breitgemacht. Wenn er das Angebot der Frau jetzt ausschlagen würde, könnte er nicht mehr mit der vorbehaltlosen Gefolgschaft seiner Männer rechnen. Die meisten von ihnen hatten bereits den Kriegskoller und wollten nur noch nach Hause. Es war schwierig, mit solchen Leuten zu kämpfen. Peters wusste, dass der größte Feind nicht die Alliierten waren, sondern das Heimweh.

«Tut, was sie sagt!», knurrte er.

Seine Leute setzten sich erleichtert in Bewegung. Ein

warmes Essen, eine Nacht im Trockenen und an einem warmen Kamin, davon hatten sie in den letzten Wochen nicht einmal mehr zu träumen gewagt.

Es war inzwischen völlig dunkel geworden, die Luft schien zu gefrieren, und der Wald war ungewöhnlich still. Nur Käuzchen schickten hin und wieder durchdringende Laute durch das Dickicht.

Wortlos legten sie ihre Waffen unter die Bank, auf der bereits die Gewehre der Amis lagen. Drei Karabiner, zwei Pistolen, ein leichtes Maschinengewehr und zwei Panzerfäuste. Und während sie sich umdrehten und Frau Vincken fragend anstarrten, erblickten sie in ihrem Gesicht ein Lächeln. Kein überlegenes oder ängstliches, wie sie es erwartet hätten, sondern ein Lächeln voller Dankbarkeit.

21. *Misstrauen*

Die Männer traten in die säuberlich aufgeräumte Stube. Mit schreckhaftem Erstaunen sahen sie zwei Männer, die wie junge Schüler aus dem Schatten der Tür traten. Im sanften Kerzenlicht blitzten die Abzeichen der Soldaten nur schwach auf, und die

Gesichter verschwammen zu alten Masken. Warum Kerzenlicht Gesichter bloß immer so alt werden ließ?

Nur schrittweise näherten sich die Amerikaner ihrem Feind. Fritz drückte sich hinter den Rücken seiner Mutter. Als Frau Vincken schließlich mit den sechs Versprengten um den Tisch stand, waren alle verlegen.

«Es wäre nun angebracht, sich vorzustellen», sagte sie möglichst beiläufig, als spräche eine Lehrerin mit neuen Schülern. «Mein Name ist Elisabeth Vincken, und ich lebe mit meinem Sohn Fritz und meinem Ehemann seit wenigen Wochen hier in unserer Jagdhütte. Unser Haus wurde im September in Aachen durch Granatenbeschuss zerstört, und wir mussten nach dem Evakuierungsbefehl hierherflüchten, um ein Dach über dem Kopf zu bekommen. Außerdem arbeitet mein Mann als Bäcker an der Front und ist in der Nähe stationiert.»

Sie blickte forschend in die Runde und lauschte gespannt. Die Soldaten tasteten mit ihren Augen die Uniformen des Gegners ab und sogen wie witternde Tiere seinen unangenehmen Geruch ein. Schließlich machte Sergeant Landers die Fortsetzung.

«My name is Sergeant Frank Landers, und das sind meine Leute Will McEwan und George Stafford, der verletzt im Bett liegt. Wir wurden von unserer Einheit getrennt, und Stafford hat es am Bein erwischt. Durchschuss, denke ich.»

Gedanken und Gefühle surrten in den Soldatenköpfen. Jetzt richteten sie ihre im Wald geschärfte Wahrnehmung vollständig auf den Feind aus. Mit stoischer Ruhe weigerte sich Peters, auch nur etwas von sich und seinen Männern preiszugeben. Doch Frau Vincken wandte den Blick nicht von ihm ab. Geduldig wartete sie auf seine Worte. Endlich brach er das Schweigen.

«Unteroffizier Maximilian Peters mit den Gefreiten Karl Schüssler, Josef Krämer und Arthur Lehnert.»

Dann lag wieder eine unangenehme Stille in der Luft, die die Hütte ausfüllte. In eifriger Geschäftigkeit begann Frau Vincken für acht Plätze am Esstisch zu sorgen und trug Stühle herbei. Sie zog flink ein rotes Leinentischtuch aus der kümmerlichen Kommode am Fenster und warf es beschwingt auf den kleinen Tisch. Mit fast zärtlichen Bewegungen strich sie es glatt.

Ihr Tatendrang war ansteckend. Als sie Geschirr aus der Küche holte und auf den Tisch stellte, stoben die Männer auseinander, um ihr Platz zu machen.

«Soll ich etwas Holz nachlegen?», fragte Krämer, während McEwan sich daranmachte, den Tisch zu decken.

«Habe ich richtig verstanden, auch Sie wurden von Ihren Leuten getrennt, Unteroffizier Peters?», fragte Frau Vincken freundlich.

«Ja, leider», murmelte er wortkarg.

«Elisabeth», sagte eine innere Stimme zu ihr, «sie sind hungrig. Gib ihnen erst einmal etwas zu essen.»

Sie und Fritz begannen mit großem Eifer, in der Küche zu hantieren und das Feuer im Herd zu schüren. Die frierenden deutschen Soldaten zogen Stühle heran und stellten sie direkt vors Feuer. Es knarrte, als sie sich setzten. Lehnert, Schüssler und Krämer hielten die Hände über die aufsteigende wohlige Wärme und tauten auf. Dabei starrten sie in die lodernden Flammen. Peters hingegen hatte sich in eine Ecke verzogen und zündete sich eine Zigarette an.

Aufgeregt legte Fritz Holz nach. Gut, dass er so viel geholt hatte! Heute Abend würde er kein Holz mehr im Schuppen holen müssen. Bei den vielen Leuten, die sich da draußen herumtrieben, blieb er doch lieber drin …

Er sah sich um und spürte die gedrückte, aber auch gespannte Stimmung. Der Raum schien gefüllt mit Misstrauen und Sorgen. Eine aufwühlende Erschrockenheit löste die Wut ab, die Fritz vor einigen Minuten noch gegen seine Mutter gerichtet hatte.

Die Amerikaner musterten ihren jämmerlichen Gegner. Nach Luft schnappende Lippen, schlafende Hände auf den Knien und kraftlos die Hälse in schmutzigen Hemden. Ihre ratlosen Gesichter sagten alles.

Landers nahm seinen Rucksack und stellte eine zweite Flasche Wein auf den Tisch, während McEwan kleine, saubere Weingläser vom Regal nahm.

«Hier, das ist mein Geburtstagswein. Hat mir der Koch geschenkt. Es gab Schweineeintopf mit Zwiebeln und Dörrbohnen.»

Die Deutschen starrten weiterhin ins Feuer, als müssten sie die Flammen zählen. Der Gefreite Krämer jedoch drehte sich zu ihm um, machte eine prostende Handbewegung und rief auf Englisch: «Auf unsere Geburtstage! Mögen wir alle hundert Jahre alt werden!»

Lachend ging Landers auf Krämer zu und reichte ihm ein Glas Wein.

«Hey, Sie sprechen Englisch! Waren Sie in Amerika?»

«Nein, zwei Semester Englisch an der Universität Heidelberg bei Professor Knoll, einem cholerischen Alkoholiker, machen aus mir noch keinen Ami, aber ein paar Brocken habe ich bei ihm gelernt. Ist es wahr, dass ihr im Akkord ‹great› oder ‹wonderful› sagt?»

McEwan schlug dem Deutschen kumpelhaft auf die Schulter und verdrehte die Augen. Ein wenig Wein schwappte aus seinem Glas und traf Krämers Hose.

«Hey, man, das Leben ist fantastisch, außer es kommt ein Krieg dazwischen.»

Plötzlich stöhnte Stafford laut auf.

22. *Der Medizinstudent*

Josef Krämer sprang sogleich auf, stellte sein Weinglas auf den Tisch und eilte ins Schlafzimmer. Mit der linken Hand zog er seine Rundbrille aus der Hemdtasche und setzte sie sich auf.

«Sind Sie Sanitäter?», fragte Frau Vincken überrascht.

«Nein, aber ich habe bis vor wenigen Monaten in Heidelberg Medizin studiert», gab Krämer kund. Er hob vorsichtig die Decke, wickelte behutsam den Verband ab und sah sich die klaffende Wunde an. «Es sieht nicht schlecht aus. Wart ihr lange Zeit im Schnee?», fragte er Landers auf Englisch.

Dieser nickte. «Drei Tage. Wir sind im Wald herumgeirrt. Haben uns zum Schlafen mit Reisig zugedeckt. Einmal hat uns ein Fuchs sogar unseren Notvorrat aus der Büchse geleckt. Am Ende konnten wir Stafford nicht mehr stützen, wir mussten einen Unterschlupf finden. Er war so stark unterkühlt, dass ich Angst hatte, er wacht morgens nicht mehr auf.»

Krämer sah sich die Durchschusswunde genauer an, die die Kugel im Unterschenkel verursacht hatte. Der Medizinstudent besaß ein hervorragendes Gedächtnis und eine rebellische Natur, die er von seinem Vater, einem berühmten Herzchirurgen, geerbt hatte. Weil er gerade einmal 21 Jahre zählte, war er noch nicht befördert worden. Jedoch war das nicht der einzige Grund. Nicht nur seine ungebetenen Bemerkungen hatten in den oberen militärischen Kreisen Reaktionen ausgelöst, sondern auch sein elektrisierender Blick konnte einen einfachen Offizier erzittern lassen. Entscheidungen, die Krämer mit seiner akademischen Logik nicht vereinbaren konnte, taxierte er jedes Mal mit Verachtung: Sein Gesicht sprach dann Bände.

«Die Kälte hat ihm das Leben gerettet. Sie hat eine Entzündung weitgehend verhindert. Allerdings blutet er zurzeit etwas stark. Ich muss ihm einen frischen Verband machen. Haben Sie Verbandszeug, Frau …? Entschuldigen Sie, wie ist bitte noch mal Ihr Name?»

Frau Vincken rührte in der Suppe.

«Vincken. Wir heißen Vincken.»

«Sie stammen wirklich aus Aachen, nicht aus Hamburg?», fragte Krämer.

«Ja, Aachen. Hier, Verbandszeug.» Frau Vincken stellte eine kleine Kiste mit Desinfektionsalkohol, fünf weißen Verbänden und Salben auf den Tisch.

«Haben Sie Verwandte in Hamburg, Herr …?», wollte Fritz wissen, der sich wieder auf das Bett gesetzt hatte.

«Josef – wie der Mann aus der Bibel», sagte Krämer konzentriert. «Ja, ich komme von dort. Unser Schneider heißt ebenfalls Vincken. Wir lassen unsere Anzüge immer von ihm schneidern. Leider sind die Ärmel meistens etwas zu lang, weil ich kurze Arme habe.»

Frau Vincken lächelte und fuhr gleich fort: «Wir haben holländische Vorfahren. Mein Urgroßvater war in der Seefahrt. Er war Matrose.»

«Und weshalb studieren Sie in Heidelberg?», wollte Fritz wissen.

«Na, weil die Uni berühmt ist für ihre ausgezeichneten Professoren – natürlich mit Ausnahme von Professor Knoll – und …», jetzt flüsterte er , «weil mein Tantchen Mathilda immer dienstags den besten Topfkuchen aller Zeiten macht und in der Elektrischen die schönsten Frauen Deutschlands Fahrkarten verkaufen.»

«Willst du auch mal studieren, Fritz?», wollte Krämer wissen und tupfte die Wunde ab.

Der Junge stellte sich hinter den interessierten Medizinstudenten. Endlich mal jemand, der wissen wollte, was ihn beschäftigte!

«Ja, ich will einmal Physiker werden und mich in der Elektroröhrenforschung betätigen. Außerdem interessieren mich Rundfunkgeräte und die Schallwellenforschung.»

«Oh, Physik! Ich kann mich erinnern, dass ich im Gymnasium meinen Physiklehrer zur Weißglut trieb. Ich hatte das Labor mit dem Bunsenbrenner in Brand gesetzt. Ich wollte wissen, ob sich Harz unter Hitzeeinfluss verflüchtigt.»

Krämer und Fritz lachten laut auf, und Stafford wandte den Kopf unruhig von links nach rechts.

«Pst!», gebot Frau Vincken aus der Küche.

«Wie alt bist du?», fragte Krämer in freundlichem Tonfall.

«Ich bin zwölf», antwortete Fritz eifrig. Peters lauschte konzentriert.

«Wenn das hier vorbei ist, dann gehst du bald auf eine ausgezeichnete Uni. Wirst schon sehen. Solche wie dich brauchen die da. Brenn aber ja kein Labor ab. Klau dem Lehrer lieber einen Apfel oder so was Ähnliches», sagte Krämer wohlwollend und zwinkerte Fritz freundlich zu.

23. Formalitäten

Aufmerksam beobachtete Frau Vincken Peters, der jetzt aufstand. Er hatte sich das vertrauliche Gespräch der beiden angehört und ging nun ins Schlafzimmer. Lehnert und Schüssler warfen sich mit müden, wässrigen Augen vielsagende Blicke zu. Der Unteroffizier gesellte sich zu den beiden jungen Verbündeten und legte Fritz eine Hand auf die Schulter. Mit der anderen hielt er die Zigarette.

«Schon Schießen gelernt, Fritz?», fragt Peters wie beiläufig.

Fritz schüttelte den Kopf. Er hatte noch nie ein Gewehr in der Hand gehalten. Seine Mutter hatte es ihm verboten.

«Warst du schon mal in einem Wehrertüchtigungslager?», befragte ihn Peters.

Frau Vincken wusste, worauf er abzielte. Nervös begann sie in der Stube Dinge geradezurücken: Messer, Gläser, Stühle, einen Spiegel.

«Hast du deinen Hitler-Jugend-Ausweis bei dir, Junge?», ging die Fragerei weiter.

Erneut musste Fritz den Kopf schütteln. Er besaß ihn nicht mehr. «Nein, ich habe ihn in den Trümmern unseres Hauses verloren», gab er ehrlich zur Antwort.

Peters musterte ihn mit wachsendem Misstrauen.

«Verloren? Na sag mal, das ist das Wichtigste, was du bei dir tragen musst, Fritz», fand er und fixierte Fritz mit seinen kleinen, geschwollenen Augen.

Krämer putzte seine Brille und konzentrierte sich wieder auf die Wunde.

«Wie soll er das denn machen, wenn das Haus eingestürzt ist, Herr Unteroffizier?», fragte er Peters, während er in der Wunde Schmutzpartikel suchte.

«Diesen Ausweis hat jeder bei sich zu tragen, Krämer. So und nicht anders läuft das», sprach Peters wie ein Schullehrer, der einen Verweis erteilt.

«Wieso soll ein Junge von zwölf Jahren das Schießen lernen, Herr Unteroffizier? Da steckt doch eine Absicht dahinter. Sehen Sie das nicht? Es reicht, wenn er die Sechzehnjährigen von der Schulbank holt und sie den Alliierten auf dem Schlachtfeld direkt vor die Füße legt.»

«Halten Sie die Klappe, Gefreiter Krämer. Hätten Sie keinen einflussreichen Vater, hätte ich Sie schon längst ins Gefängnis werfen lassen wegen Aufwiegelei!» Peters spuckte die Worte Krämer regelrecht an den Kopf.

Dieser drehte sich jetzt um. «Herr Unteroffizier, wissen Sie eigentlich, dass die Kinder in diesen Lagern boxen, kämpfen und schießen, und das den lieben langen

Tag? Und dann trennen sie schon die Zehnjährigen wochenlang von ihren Müttern, um sie diesem Drill auszusetzen. Na, der Pädagoge Johann Heinrich Pestalozzi hätte da seine Fragen gehabt, das können Sie mir glauben.»

«Ihr Ton gefällt mir nicht. Das wird noch ein Nachspiel haben, Gefreiter Krämer», drohte Peters und presste die Lippen zusammen.

«Nun denn! Viel zu erzählen haben wir ja», gab Krämer ironisch zurück. Schüssler und Lehnert, die dem Gespräch gelauscht hatten, schüttelten den Kopf. So eine Frechheit würden sie sich bei Peters niemals erlauben.

«Bald können wir essen, Unteroffizier Peters», lenkte Frau Vincken ab, und unvermittelt wandten sich alle ihr zu.

24. Beweise

Sogleich konzentrierte sich Peters' überspannte Aufmerksamkeit auf seine Gastgeberin. «Sie ist eine Deutsche, die amerikanische Soldaten beherbergt, im Grenzgebiet wohnt und einen Zwölfjährigen bei sich hat», dachte Peters scharf. «Ist Fritz überhaupt ihr Sohn? Oder ist er ein jüdisches Kind, das sie hier versteckt hält? Und der Ehemann, von dem die Frau gesprochen hat? Hat der sich etwa aus dem Staub gemacht, als er uns kommen sah?»

Peters jagten Dutzende von Misstrauenspunkte durch den Kopf. Darin war er gut. Er hatte in fünf Jahren Krieg bereits viel gesehen, und das schürte seinen Willen, für noch mehr Ordnung zu sorgen. Jüdische Waisenkinder, die sich unter deutsche Familien gemischt hatten. Deutsche Familien, die Juden hinter Schränken versteckt hielten. Nationalsozialisten, die für die Alliierten arbeiteten, Franzmänner und Polen, die für die Nazis die eigenen Leute aushorchten. In Kriegszeiten wurde überall geschwindelt, überlegte Peters. Aber er hatte die feste Absicht, sich nicht so einfach an der Nase herumführen zu lassen.

«Deutschland wird den Krieg gewinnen!» – mit dieser Parole hielt er sich bei Laune. Und diesen Antrieb brauchte er, um das Ziel nicht aus den Augen zu verlieren. Und dann würden die Tage der Wahrheit kommen, spätestens dann würden alle sehen, wozu dieser Krieg gut war, beruhigte sich der Unteroffizier innerlich.

«Können Sie sich ausweisen, Frau Vincken?», schnauzte er.

«Aber wozu, ich verstehe nicht ganz …», gab sie bestürzt zur Antwort.

«Ich will Ihren Ausweis sehen!», blaffte er sie an.

«Natürlich. Augenblick», beschwichtigte sie ihn.

Lehnert und Schüssler, die immer noch ins offene Feuer starrten, nippten beschämt am amerikanischen Wein. Peters kannten sie so gut wie ihre Patronentasche. «Fängt der jetzt schon wieder damit an», dachte Schüssler und schnäuzte sich mit einem löchrigen Taschentuch.

Wie eine düstere gebieterische Erscheinung stand Peters in der Stube und wartete darauf, seine Neugier zu befriedigen. Im Kerzenschein verkam sein Antlitz zu einem Greisengesicht mit Adlernase.

Frau Vincken eilte ins Schlafzimmer, riss die oberste Schublade der Kommode auf. Ordentlich zusammengelegte Wäsche lag vor ihr. Auf der rechten Seite eine Anzahl von braunen Strümpfen und weißen Strumpfbändern, die nach Seife und nach Kirschholz dufteten, auf der linken Seite ihre Unterwäsche und ihr Schmuck, den sie in einem seidigweißen Ballhandschuh ihrer Großmutter versteckt hielt.

Kurzatmig und mit zitternden Händen zog sie ihre Kennkarte aus der hintersten Ecke hervor. Dann eilte sie zu Unteroffizier Peters, der ihr den Ausweis unwirsch aus der Hand riss.

Lauernd kontrollierte er die graufarbenen Papiere. Auf der Vorderseite stand oben: «Deutsches Reich». Darunter der Reichsadler mit Hakenkreuz, unten: «Kennkarte». Auf den Innenseiten eine gute Porträtfotografie von ihr mit aufgestecktem Haar, auf der sie nicht lachte, sondern ernst schaute; des Weiteren die obligatorischen Stempel und Unterschriften sowie ihre Fingerabdrücke. Auf der linken Seite die persönlichen Angaben: Name: Vincken geb. Brem, Vorname: Elisabeth. Geburtsdatum: 16. Januar 1899, Geburtsort: Aachen. Beruf: im Haushalt. Besondere Kennzeichen: Leberfleck über der Oberlippe, veränderliche Kennzeichen: keine. Bemerkungen: zwei Söhne Hermann (geb. 1920) und Fritz (geb. 1932). Ausgestellt worden war der Ausweis von der Polizeibehörde Aachen am 21. März 1941.

Obwohl alles rechtens aussah, prüfte Peters die Kennkarte auf ihre Echtheit. Diese erkannte er am dünnen Papier und an der Exaktheit der Stempel. Fälschungen waren neuer, sauberer und genauer angefertigt als die normalen Kennkarten, das wusste Peters. Ihm blieb nichts anderes übrig, als schweren Herzens seine Einwände zu begraben. Diese Frau war die Mutter von Fritz. Daran war nicht zu zweifeln.

Fast ein wenig enttäuscht, legte er ihr die Kennkarte auf die Hand. Und blitzte sie mit kalten Augen an.

«Die Papiere sind in Ordnung, treten Sie weg!», sagte er, sich selbst überwindend und in herrischem Militärjargon.

25. Running man

in Aufatmen im Raum. Mit aufgesetztem Lachen verwischte Frau Vincken ihre Angst und richtete sich innerlich auf.

«Everything okay?», fragte Landers beunruhigt und blickte Peters in die Augen.

«Geht dich nichts an, GI», knurrte der.

«Ich hoffe, es ist nichts angebrannt», sagte Frau Vincken gespielt fröhlich und steckte ihre Kennkarte in die Schürze.

Weder Landers noch Peters rührten sich. Peters' Hand ballte sich zu einer Faust.

Das Rheuma, das Lehnert in den letzten Tagen im Schnee gespürt hatte, verflüchtigte sich langsam. Er rieb sich das Knie und schaute auf. Sein Gefühl sagte ihm unvermittelt, dass es Probleme geben könnte. Vorsichtig erhob er sich.

Landers und Peters standen dicht an dicht. Der Sergeant erblickte jede Einzelheit im Gesicht des Deutschen. Die müden, geschwollenen Lider, die glatte Hakennase, seine wenigen, aber tiefen Aknenarben an den Wangen. Ganz deutlich aber sah er den rohen Wetteifer, der in seinem Gesicht lag. Um jeden Preis wollte Peters den Sieg davontragen. In jeder kleinen Auseinandersetzung, jedweder Rechthaberei und auch im Krieg. Dort, wo Sergeant Landers herkam, gab man den wettkampfeifrigen Leuten einen Namen.

«He's a running man», spottete Landers und setzte sich wie selbstverständlich an den Kopf des Esstischs.

Peters blieb indessen verwirrt stehen. Running man? Sein Englisch reichte nicht aus, um diesen Ausdruck zu deuten.

«Bitte, meine Herren», drängte Frau Vincken sanft.

Karl Schüssler und Arthur Lehnert blickten sich fragend an. Sollten sie sich jetzt tatsächlich mit dem Feind an einen Tisch setzen? Eigentlich grotesk, fand Lehnert. Aber es musste wohl sein, stand auf ihren Gesichtern zu lesen.

Peters tat sich schwer mit der Situation. Und wenn ihm etwas schwerfiel, dann musste er es auf dramatische Weise demonstrieren. Im Kerzenschein war sein Gesicht gespenstisch gelb. Er riss den dunkelbraunen Stuhl am oberen Ende an sich, hob ihn hoch, warf ihn, nach Aufmerksamkeit heischend, vor den Tisch und setzte sich verkehrt herum auf das löchrige Weidengeflecht.

Weil ihnen nichts anderes übrig blieb, beobachteten ihn die anderen Hungrigen alle. Es war offensichtlich, dass er einen Panzer aus Misstrauen, Berechnung und Feindseligkeit trug. Jetzt sah er in die erstaunte Runde, die um den Tisch versammelt war. Peters hatte in seiner Kindheit gelernt, seine Gefühle zu verbergen, was ihm auch heute noch meisterlich gelang. Nur die Missgunst stand ihm deutlich ins Gesicht geschrieben.

«Hm», räusperte sich Landers, der sich über Peters' Auftritt ärgerte. Er gehörte zu jenen Menschen, die mit ihrer Natur vollkommen eins waren und deshalb überall positiv auf Menschen wirkten. «Thank you very much, Mrs. Vincken», sagte er über den Tisch hinweg, um zu demonstrieren, dass dieses Essen nicht selbstverständlich war.

«Ich hoffe, Sie werden unser letztes Huhn genießen. Viel mehr ist leider nicht da.» Mit diesen verbindlichen Worten bat Frau Vincken erneut die Soldaten an den Tisch. Es war Zeit, dass sich alle setzten.

Unvermittelt sagte Lehnert tröstend: «Der Krieg wird bald zu Ende sein, Frau Vincken.»

«Schweigen Sie, Lehnert!», rief Peters, nahm die Serviette, stopfte sie in seinen Hemdkragen und griff nach dem ordentlich geputzten Blechlöffel.

Frau Vincken lächelte Lehnert dankbar an, und ihre Augen blitzten für einen Augenblick glücklich auf. Die Hausherrin hatte, so gut es die Umstände erlaubten, festlich gedeckt. Sogar ihre dicken, weißen Leinenservietten mit ihren großzügig geschwungenen Initialen schmückten den Tisch, Tannenreisig in der Mitte, zwei Kerzen und die guten Kristallgläser, die sie von der Mutter geerbt hatte.

In freudiger Erwartung des Essens setzten sich nun alle, während Frau Vincken die duftende Suppe auf den Untersetzer stellte und das aufgeschnittene Brot dazulegte. Die Soldaten warteten manierlich, bis sie das Zeichen geben würde. Umso überraschter waren sie, als Frau Vincken Fritz die rechte und Landers ihre linke Hand reichte und den Kopf zum Gebet senkte.

Verwirrt sahen sich die Männer an. Sollten sie dem Feind die Hand zum Gebet geben? Entstünde da in ihrem militärischen Pflichtenheft kein untragbares Durcheinander? Bisher war Feind immer noch Feind. Und in der militärischen Ausbildung hatte jeder von ihnen zielsicher gelernt, diesen wenn nötig zu töten. Manche mussten dafür innere Widerstände überwinden und moralische Vorbehalte über Bord werfen. Und nun zurück auf Anfang?

Zögerlich reichten sich die Männer die Hände und senkten die Köpfe. Peters jedoch legte seine Hände demonstrativ unter den Tisch.

«Komm, Herr Jesus, sei unser Gast, und segne, was du uns bescheret hast. Amen», betete Frau Vincken leise. Sie spürte, wie die Hand von Landers zitterte. Er hatte Tränen in den Augen.

Ruhig gab Frau Vincken nun die Hühnersuppe aus und legte jedem Soldaten ein Stück Brot auf den Tellerrand. Die Soldaten bedankten sich und begannen zu essen, trotz ihres Hungers ohne Hast.

«Wie sieht die Wunde des Soldaten aus, Herr Krämer?», fragte Frau Vincken.

«Sie müsste eigentlich genäht werden. Wenn er bald in ein Lazarett kommt, hat er gute Chancen zu überleben», meinte er schlürfend.

Peters starrte in seine Suppe und löffelte. Es interessierte ihn nicht, was aus dem amerikanischen Soldaten werden würde. Lehnert starrte ebenfalls vor sich hin, während Frau Vincken das Weinglas hob.

«Wir wollen anstoßen auf Heiligabend. Mögen alle

Soldaten heute Abend die Geburt Jesu feiern können.» Josef Krämer übersetzte für die Amerikaner.

«Sie leben hier im Niemandsland, Frau Vincken, wo Sie allen Mächten ausgeliefert sind, und glauben an einen Gott, der Mensch geworden sein soll», sagte Peters kopfschüttelnd.

Krämer hielt inne. «Was stört Sie an der Weihnachtsgeschichte, Herr Unteroffizier?» Seine Frage klang wie eine Herausforderung.

«Die Umstände. Weshalb sollte Gott zum Menschen werden? Wenn es Gott gäbe, würde er über die Welt herrschen, aber nicht vor ihr hinknien.»

«Weshalb hinknien, Unteroffizier Peters?», entgegnete Krämer. «Ist es nicht vielmehr eine Geste der Großzügigkeit, dass Gott zu den Menschen auf Augenhöhe spricht?»

«Interessanter Gedanke. Aber gerade Sie, Krämer, als Studiosus und angehender Mediziner sollten eigentlich genügend wissenschaftlichen Verstand besitzen, um zu sehen, dass Gott entweder über uns steht oder gar nicht existiert», konterte Peters scharf.

«Dieser Meinung bin ich nicht, Herr Unteroffizier. Gott ist nicht zum Menschen geworden, um seine Macht zu präsentieren, sondern um den Menschen seine Liebe begreiflich zu machen», sagte Krämer in durchaus sachlichem Ton.

«Warum?», fragte nun Lehnert, der sein Glas Wein genüsslich austrank.

«Weil alles andere wahrscheinlich über unseren Verstand gehen würde», sagte Krämer.

«Was wollten wir mit einem Gott, der sich den Menschen nicht offenbarte?», schaltete sich nun Frau Vincken in das Gespräch ein. «Er bliebe uns fremd.»

Etwas verwirrt setzte Peters sein Weinglas an und nahm einen Schluck.

«Nicht nur das», ergänzte Krämer. «Ein Herrscher, der sich nicht auch um das einfache Volk kümmert, ist lediglich ein Tyrann, und seine Werke bleiben kümmerlich, da sie nicht der Gesamtheit dienen. Ein Tyrann, der sich hinter Stacheldraht versteckt und die physischen Linien zu seinem Volk nie überschreitet, bleibt ein unnahbarer Befehlshaber. Verliert er die Verbindung zu seinem Volk oder hat er sie erst gar nicht gehabt, verkommt er zum einsamen Despoten, und das Volk wendet sich gegen ihn.»

Er nahm sein Stück Brot und bröckelte es in seine Suppe.

«Mama, lässt Gott eigentlich einen Sieger zu in einem Krieg?», fragte Fritz überraschend. «Oder ist er unparteiisch?»

Seine Mutter zögerte mit der Antwort. «In einem

Krieg gibt es keine Sieger. Es gibt nur Versehrte und Überlebende, Fritz», meinte sie schließlich.

Krämer übersetzte ins Englische.

Betroffen starrten die Männer auf den Tisch.

«Ich kämpfe nicht allein für den deutschen Sieg, Frau Vincken, ich kämpfe für die Ehre meiner Familie. Und wenn ich in diesem Krieg sterben darf, dann ist das für meine Familie eine Ehre. Deshalb werde ich kein Verlierer sein!», warf Peters ungehalten über den Tisch. Tief in seinem Innern, und das wusste er, hatten jedoch seine Zweifel am Krieg längst wie Unkraut zu wuchern begonnen. Er spürte, dass keine polemische Überzeugungsrede der Welt dieses Unkraut mehr hätte vernichten können. Und das beunruhigte ihn zutiefst.

«Sie irren, Ihre Mutter, Ihr Vater und Ihre Frau würden einen großen Verlust erleiden», protestierte Frau Vincken emotional.

«Diese gefühlsbetonten Gespräche mit Frauen gehen mir auf die Nerven», dachte Peters, schob sich ein Stück Brot in den Mund und kaute. Er gab sich Mühe, beleidigt zu wirken. Wovon hatten Frauen denn eine Ahnung außer vom Kinderkriegen und von Kochrezepten? War er nicht Vorbild und Zugpferd für seine Soldaten?

Frau Vinckens unerwartete Bemerkung hatte ihn verwirrt; damit hatte er nicht gerechnet. Keine der Antworten, die er sich bisher zurechtgelegt hatte, um den Krieg zu rechtfertigen, wäre ihrer Aussage überlegen gewesen. Und das ärgerte ihn gewaltig.

26. *Geburtsleiden*

Der Gefreite Schüssler unterbrach gespielt lustig die unangenehme Stille. Mit Schwung hob er sein geleertes Glas.

«Wenn ich jetzt wählen könnte, wäre ich am liebsten auf meiner Jolle an der Ostsee. Im Winter glänzt das Wasser im Sonnenlicht besonders hell. Fast schon phosphoreszierend. Das Wasser riecht dann nicht nach Fisch wie im Sommer, sondern nach Eis», erzählte er fröhlich.

«An der Ostsee war ich schon lange nicht mehr. Als ich eine junge Frau war, machte ich da mit meiner Schwester einige Tage Urlaub. Ich muss sagen, es war damals überraschend kalt im Sommer», befand Frau Vincken, froh, ein anderes Thema aufgreifen zu können.

«Ja, Frau Vincken, die Ostsee ist nicht das Mittelmeer. Da muss man auch im Sommer Mütze und Mantel tragen», antwortete Schüssler und rieb sich das Ohr.

«Haben Sie Ohrenschmerzen?», fragte sie besorgt.

«Nein, keineswegs. Nur meine ich, manchmal besser zu hören als heute.»

Fragend sah Frau Vincken in die Runde.

Krämer klärte sie auf. «Gehörschaden.»

«Eine Granate?», fragte sie Schüssler, die Worte betonend, damit er sie besser hören konnte.

«Nein, von Geburt an», gab Schüssler zur Antwort und schob sich ein kleines Stück Huhn in den Mund. Seine Hände wischte er an der Hose ab. «Deshalb haben die mich als Takelbluse nicht genommen. Ich ging dann zu den Steinfischern. Ist auch 'ne Arbeit», fügte Schüssler bei.

«Sehr gefährlich, würde ich mal sagen», meinte Krämer gelassen.

«Ja, vor einigen Jahren wurde einer von uns auf der Mole von einem Findling erschlagen. Hat direkt darunter gestanden. Hermann hieß er. Armes Schwein!», murmelte Schüssler.

Hermann, dachte Frau Vincken. Hießen denn alle Hermann? Und vor ihr tauchte das Bild ihres Sohnes auf, der nicht nur das Gesicht, sondern auch die feinen Chirurgenhände seines Großvaters geerbt hatte. Sie musste daran denken, wie Hermann als Fünfjähriger seine Handpuppen wie ein wohlwollender

Arzt gepflegt hatte. Angenommen, er hätte überlebt, wäre er vielleicht in die Fußstapfen seines Großvaters getreten.

Peters hatte den Mund bereits wieder geöffnet, als Frau Vincken zu erzählen begann:

«Mein Vater hat auch im Krieg gedient, Herr Unteroffizier», sagte sie plötzlich sehr ernst. Erneut übersetzte Krämer. Jetzt wurde es ganz still im Raum.

«Er hat im Ersten Weltkrieg als Lazarettarzt gearbeitet. Stationiert war er in Verdun. Und er hat uns alles erzählt.»

Sie hielt inne, nahm ihre Serviette und tupfte sich die Mundwinkel ab. Alle lauschten gebannt.

«Gesichter waren seine Spezialität. Er nähte Nasen an, Wangen flickte er zusammen, Lippen. Der Erste Weltkrieg forderte viele Menschenleben. Aber nicht nur das. Er hinterließ schrecklich viele Versehrte. Wissen Sie, wie erbärmlich ein halbes Gesicht aussieht?»

Frau Vincken spürte ihren Ausbruch von angstvollen, übersteigerten Muttergefühlen. Ihre Worte glichen einem aufflammenden Feuer für die Menschlichkeit.

«Medizinisch gesehen, sind diese Männer …», wollte Krämer mit wissenschaftlichem Interesse einwerfen.

«Schweigen Sie!», rief Peters in ungehaltenem, eisigem Unteroffizierston. Frau Vincken erzählte weiter.

«Diese Soldaten drehten die vernarbte Seite weg und zeigten ausschließlich die gesunde. Manche trugen Hüte, andere bedeckten ihren Makel mit einem Tuch.»

«Fürchterlich», sagte Schüssler, und legte den Blechlöffel beiseite. Er konnte sich nicht vorstellen, mit einem Tuch über dem Kopf herumzulaufen.

«Wie kann man so leben?», fragte Lehnert. Ihm war der Appetit vergangen, und er nahm einen Schluck Wein, um die Bilder vor seinem inneren Auge damit hinunterzuspülen.

Fritz legte die Hand auf seine Magengegend. Mit vollem Bauch waren solche Erzählungen nur schwer zu ertragen. Er sah ein halbes Soldatengesicht vor sich, und ihm wurde übel.

«Graben Sie keine alten Leichen aus, Frau Vincken», sagte Peters müde.

«Ich grabe sie nicht aus, Herr Unteroffizier, ich will aus den Dingen lernen, die Menschen zugestoßen sind.» Frau Vinckens Augen blitzten, im Kerzenschein konnte das jedoch nur Fritz erkennen.

«Da hat Ihr Vater Ihrer Familie aber viel Ehre gemacht, Frau Vincken», versuchte Peters mit schleppender Stimme abzulenken und kaute.

«Ja, das hat er. Aber er hat uns auch viel beigebracht über den Krieg, Herr Peters.»

«Ich wünsche mir nur, ehrenvoll für mein Vaterland zu kämpfen und zu sterben, wenn es sein muss», gab Peters kleinlaut zur Antwort.

«Es muss nicht sein», sagt Frau Vincken ernst und wiederholte sich. «Ich habe gesehen, wie Juden und Menschen anderer Rasse behandelt werden in diesem Krieg. Ich habe hier im Wald tote Soldaten zugedeckt; sie waren nicht einmal zwanzig Jahre alt, Herr Unteroffizier. Ich habe Rundfunk gehört und weiß, wie Hitler zu den Menschen spricht. Und deshalb weiß ich nicht, wovor ich als Deutsche mehr Angst haben soll: vor dem Sieg oder der Niederlage in diesem Krieg», sagte sie mit vor Anstrengung geröteten Wangen.

«Wir werden gewinnen, das kann ich Ihnen versprechen», bluffte Peters ungehalten über den Tisch.

Elisabeth Vincken überlegte nicht eine Sekunde: «Wie können wir einen Krieg gewinnen, wenn wir die Toten mehr ehren als die Lebenden?»

Stille. Die Männer starrten auf ihre Teller. Jemand räusperte sich trocken. Es war klar geworden, was diese Frau über den Krieg dachte. Als habe Peters sie dabei ertappt, wie sie das Dritte Reich verraten habe, warf er einen triumphierenden Blick in die Runde.

Sie stand auf und trug ihren benutzten Teller in die

Küche. Klirrend ließ sie ihn ins Waschbecken fallen. Er zerbrach in fünf Stücke.

«Großartige Worte – und derart nutzlos. Wenn ich auch nur *einen* Menschen überzeugen könnte von der zerstörerischen Sinnlosigkeit dieser Kämpfe!», schrie sie innerlich, und ihre Tränen tropften wie zarter Regen in das Waschbecken.

27. *Begünstigung des Feindes*

Landers erhob sich ebenfalls und folgte Frau Vincken in die Küche. Jetzt legte er ihr die Hand auf die Schulter und schwieg. Es war ein tröstliches, ein heilsames Schweigen.

Frau Vincken versuchte die Tränen zu verbergen, und in diesem Augenblick erschauerte sie bei dem Gedanken, ihr Mann könnte vielleicht nie wieder zurückkehren. Was würde sie tun ohne ihn? Und Peters? Wenn er sie verraten würde? Anklage: Begünstigung des Feindes. Urteil: Tod. Sie fasste sich an die Schläfe, ihr Kopf begann zu schmerzen.

Und was würde mit Fritz sein? Er hatte von der Reichsjugendführung die Einladung zu einem Wehrertüchtigungslager in Oberbayern erhalten, bevor sie und ihr Mann sich entschlossen hatten, in den Hürtgenwald zu flüchten. Von befreundeten Familien wussten sie, dass die Kinder in den Lagern militärisch gedrillt wurden, das Schießen übten und auf den Kriegseinsatz vorbereitet wurden. Zwölfjährige bildeten Zehnjährige zu kleinen Soldaten aus, hatte man sich in der Bäckerei Vincken in Aachen erzählt.

Überhaupt waren sie immer gut informiert gewesen, weil viele Deutsche in ihrer Bäckerei Kaffee getrunken und eingekauft hatten. Frau Vincken widerstrebte der politische Drill der Nazi-Jugend zutiefst, und sie hatte ihren Mann angebettelt, Fritz in den Hürtgenwald mitnehmen zu dürfen.

Landers sah sie aufmunternd an. «Sie brauchen nicht auf ihn zu hören. Lassen Sie ihn reden. Deutsche neigen dazu, anderen Angst einzujagen», flüsterte er aus Furcht, die Wehrmachtssoldaten könnten ihn hören und womöglich Französisch verstehen. Aber niemand von ihnen beherrschte die Sprache.

«Ich halte diese rechthaberische Stimme von Peters nicht mehr aus», schrie es in ihr. Verzweifelt hielt sie sich mit beiden Händen am steinernen Spülbecken fest. «Sergeant Landers hat ja keine Ahnung», klagte sie in ihrem Innern. «Und ich darf ihm nichts erzählen. Da draußen vor der Tür ist der verdammte Krieg. Dieser Peters muss nur sein Gewehr holen, die Amerikaner im Schlaf erschießen und mich und Fritz mitnehmen! Nein, ich kann nicht fort mit Fritz. Sobald ich das Haus verließe, würden sie die Waffen gegeneinander richten. Oh nein, was soll nur aus uns werden?»

Ihr Mund zitterte, und sie sagte im Flüsterton ein Gebet auf, das sie als Kind auswendig gelernt hatte: «Willst du heute, willst du morgen nehmen, Herrgott, meine Sorgen. Ich bin klein und auch fein, Herrgott, lass mich nicht allein.»

Sie biss die Zähne aufeinander. «Wenn mich jemand hören könnte, würde er mich auslachen», dachte sie.

Diese Frage aber beschäftigte sie am stärksten: «Bin ich bereits derart gleichgültig geworden wie so viele andere Zivilisten im Krieg?» Diese Trägheit, dieses teilnahmslose Alles-über-sich-ergehen-Lassen war eine große Kriegskrankheit in Deutschland geworden. Schlimmer als Masern, Pocken oder die Wilden Blattern.

Sie sah auf. An sich zweifelnd und mit sich ringend, riss Landers' Berührung sie wieder in die Gegenwart zurück.

«Sergeant Landers, es geht schon wieder», flüsterte Frau Vincken schwach.

Sorgfältig, als wollte sie ihm nicht zu nahe treten, schob sie ihre Hand auf seine und drehte sich von ihm weg. Zu viel Nähe war ihr in diesem Augenblick schwer erträglich. «Es ist immer dasselbe», sprach sie zu sich selbst. «Sobald eine Frau zerbrechlich wirkt, wollen Männer den Beschützer spielen.»

Der Vorwurf, eine untreue Ehefrau zu sein, hätte ihr sanftmütiges Wesen zerbrochen, das wusste sie. Landers sah ihr nach. Irgendetwas in seinem Blick veränderte sich.

Mit gespielt fröhlicher Miene sagte Frau Vincken: «Zum Nachtisch gibt es Kekse. Ich habe welche gebacken. Kosten Sie!» Sie legte ein Dutzend Kekse auf einen alten, rosaroten Porzellanteller und bot allen Soldaten am Tisch welche an.

Lehnert und Krämer kauten genüsslich auf den Haferflockenplätzchen. Nach einiger Zeit standen sie auf und verabschiedeten sich höflicher, als es Frau Vincken von Soldaten erwartet hätte.

«Entschuldigung, wir müssen dringend mal austreten, Frau Vincken.»

Landers gab McEwan ein Zeichen, den beiden zu folgen. Er traute den Deutschen noch immer nicht über den Weg.

28. Substanzlosigkeit

«Wollen Sie noch ein paar Plätzchen mit nach draußen nehmen?», fragte Frau Vincken die beiden, die sich jeder eine Zigarette in den Mund schoben und Zündhölzer in ihrem Gepäck suchten.

Sie blickten Frau Vincken neugierig-einschätzend an, aber sie wirkte irgendwie abwesend. In ihrem Innern sah sie, wie Peters und seine Leute Fritz in ihrer Mitte mitführten. Sie sah, wie Fritz zurückblickte und ihr zuwinkte. Bei der Vorstellung schwindelte ihr, und der Boden unter ihren Füßen schwankte. Eine Art Substanzlosigkeit machte sich in ihr breit, die ihr gänzlich unbekannt war. Die wohlriechenden Kekse glitten langsam vom Teller auf den Boden, und die Männer sahen auf.

«Ist Ihnen nicht gut?», flüsterte Medizinstudent Krämer und steuerte auf sie zu. Frau Vincken versagten die Beine, und Krämer konnte sie gerade noch auffangen, als sie zu fallen drohte.

«So, wir gehen alle etwas an die frische Luft», rief der angehende Mediziner mit gespielter Heiterkeit. Er stützte Frau Vincken und nahm sie mit nach draußen. McEwan folgte ihnen mit energischem Schritt in die schwarze Nacht. Landers klaubte die Kekse vom Holzboden auf und aß sie, halb hungrig, halb nachdenklich.

«Ich habe nichts gegen frische Luft, sie ist ja auch sehr gesund, aber diese verfluchte Kälte ist manchmal kaum auszuhalten. Besonders, wenn man direkt aus einer warmen Hütte tritt», meinte Krämer, während er die Waffen von der Bank räumte und Frau Vincken stattdessen daraufsetzte. Landers, der sich Frau Vinckens Mantel von der Garderobe geschnappt hatte, legte ihn galant um ihre Schultern.

«Danke», sagte sie lächelnd.

Eisig kalte Luft legte sich auf ihr Gesicht, und sie deckte sich schnell die Beine ab, die in Strümpfen steckten. Die Soldaten zündeten sich Zigaretten an und boten auch Frau Vincken eine an. Sie lehnte dankend ab. Für einen Augenblick vermischte sich die kalte Luft mit dem herben Duft der Glimmstängel.

«Wie lange ist Ihr Mann bereits verschwunden, Frau Vincken?», wollte Krämer wissen.

«Elisabeth, nennen Sie mich bitte Elisabeth» sagte sie ruhig. «Er hätte heute zurück sein sollen. Seit drei Tagen ist er unterwegs», fuhr sie fort.

Landers bat Krämer um Übersetzung. «Wo hält er sich auf?», wollte er danach wissen.

«Mein Mann ist an den deutschen Gefechtslinien. Er wollte Sachen tauschen. Wir brauchen Nahrungsmittel.

Allmählich gehen mir das Mehl und die Haferflocken aus, von der Butter habe ich nur noch ein kleines Stück. Er versucht, etwas zu bekommen. Er sollte wie gesagt eigentlich schon hier sein, aber er ist nicht aufgetaucht», gab sie bekümmert zu.

Der Mond warf jetzt helles Licht auf den Schnee, so dass Landers Elisabeths besorgte Augen erkennen konnte. Er fand, dass ihr Blick, auch wenn er traurig war, eine gewisse Schönheit aufwies.

«Sie sollten sich von Peters fernhalten, Elisabeth», murmelte Krämer ernst. «Unsichere Antworten wecken sein Misstrauen. Er wittert überall Machenschaften und Lügen.»

Frau Vincken hatte so etwas befürchtet. Jetzt, in diesem Augenblick, wurde sie noch schwermütiger, und sie wünschte sich sehnlichst, woanders zu sein. Nur nicht hier mit deutschen und amerikanischen Soldaten in dieser seltsamen Nacht, deren Anatomie voller Tücken und Gefahren war.

«Sagen Sie ihm, dass Sie in den nächsten Wochen in die Stadt zurückkehren werden. Sonst wird er misstrauisch», riet Krämer.

«Sie werden einmal ein guter Arzt …, Dr. Krämer», sagte sie in freundschaftlichem Ton und versuchte, ihre Erschrockenheit zu kaschieren. Schweigend nickte der

Gefreite Lehnert und zeigte damit sein Einverständnis. Ja, Peters war ein Spürhund, er hatte ständig die Nase im Wind.

Elisabeth überlegte gehetzt: Weshalb wusste Krämer Bescheid? War sie ein offenes Buch für ihn? War sie das auch für die anderen Soldaten?

Krämer fuhr fort: «Unter uns, fallen Sie ihm ja nicht vor die Füße. Das wird ihn noch misstrauischer machen. Sie haben Glück, dass Sie keine Juden sind. Sonst hätte er Sie längst erschossen.»

29. *Heilige Nacht*

Landers' Augen funkelten wie schwarze Diamanten. Er hatte zwar nichts verstanden, spürte aber die Dringlichkeit, mit der Krämer gesprochen hatte. Irgendetwas war nicht in Ordnung. Und der Name Peters war gefallen. Aber was war mit diesem Unteroffizier und Frau Vincken? Sergeant Landers' Mitgefühl für diese mutige Frau wuchs, und er fühlte sich auf eine Weise zu ihr hingezogen, die er von sich überhaupt nicht kannte. Dabei war sie bestimmt mindestens fünfzehn Jahre älter als er.

Die Soldaten schwiegen, und ganz langsam wurde Frau Vincken innerlich ruhiger.

«Stille Nacht, Heilige Nacht ...», begann Lehnert auf einmal leise zu singen, jedenfalls leise genug, um nicht weitere ungebetene Gäste anzulocken. Es klang schrecklich unmelodisch, aber ungemein tröstlich. «... alles schläft, einsam wacht ...», setzte er fort und warf seinen glimmenden Stummel in den Schnee.

«Du singst falsch, Arthur!»

Und Krämer hob mit gedämpfter Stimme eine Oktave höher zu singen an: «Stille Nacht, Heilige Nacht ...» Sein Gesang war harmonisch, aber nicht halb so lebendig wie Lehnerts.

Lächelnd summte Sergeant Landers mit und gab Frau Vincken seine glimmende Zigarette. Sie nahm einen kleinen Zug und gab ihm die Zigarette zurück. Ohne Frage, diese Frau besaß eine Durchsetzungskraft, die er selten an einem weiblichen Wesen erlebt hatte. Was für eine sonderbare Begegnung das war, fand er. Eine Deutsche, die Stafford das Leben rettete!

Er blickte über die Lichtung in den grau eingefärbten Wald. Der Mond schwebte hinter schwarzen Wolken, die immer wieder aufrissen. Schatten um Schatten zog über die Lichtung und über ihre Gesichter.

«Silent Night ...», stimmte nun Landers in den Gesang mit ein. War die Nacht tatsächlich still? Verrückt war sie jedenfalls, ja, geradezu unglaublich war sie. Melancholisch zog er an seiner Zigarette und blies den Rauch zur Seite. So klar wie die Nacht waren auch seine Gedanken. The darkness is so peaceful. Und Landers trank die friedliche Düsternis wie einen guten Wein.

Ein Weihnachtslied, das jeder kannte und das um die Welt ging, sinnierte er. Und ein Krieg, der um die Welt ...

In diesem Augenblick riss Fritz die Tür auf und stürzte aufgeregt in die Kälte hinaus.

«Mama, der Verletzte ist aufgestanden! Er hält eine Pistole in der Hand und droht damit den Deutschen!»

30. Verdammte Krauts

Kaum hatte Fritz die zwei Sätze ausgesprochen, sprangen die rauchenden Soldaten auf und stürzten ins Haus. Stafford stand feindselig in der Tür des Schlafzimmers und hielt seine Waffe genau auf Peters' Brust gerichtet, der die Hände gehoben hatte.

Neben ihm saß Schüssler wie steif gefroren auf einem Stuhl.

Jetzt geriet alles in Bewegung. McEwan und Landers schoben sich durch den Raum, ihren Kameraden beschwörend. «It's okay, Stafford, these men are our friends. Don't worry. Nothing will happen to us. Please, give me your gun now», sprach Landers mit ruhiger Stimme.

Medizinstudent Krämer blieb vorsichtshalber wie eine Salzsäule im Eingangsbereich stehen.

Stafford schwankte gefährlich wie eine junge Tanne in einem Herbststurm. «Hände hoch, ihr verdammten Krauts!», schrie er und atmete hektisch. Seine Brust hob und senkte sich in kurzen Abständen. Peters wagte es nicht, nach der Tür zu sehen.

«Haben Sie das Gewehr hereingebracht, Krämer?», schrie Peters plötzlich. «Na, bewegen Sie Ihren verdammten Hintern nach draußen, und holen Sie Ihr Gewehr! Los!»

Krämer war ratlos. Was, wenn er sein Gewehr auf den kranken Soldaten richten würde? Es begänne eine Schießerei, die wahrscheinlich für viele in diesem Raum tödlich enden würde. Und was wäre mit Fritz und Elisabeth?

«Please, Stafford, give me your gun.» Sergeant Landers und Private McEwan versuchten immer noch, den

Kranken vom Schießen abzuhalten. Aschfahl stand Stafford in der Tür und richtete seinen glasigen Blick auf Peters.

«George, Frau Vincken hat uns aufgenommen, damit wir dich pflegen können. Du hast Fieber. Dein Zustand war ernst. Wir haben dich hierhergebracht. Du bist in Sicherheit. Gib mir bitte die Waffe!», sagte Landers in ruhigem, eindringlichem Ton. Er hob die Hand und öffnete sie langsam. Mit kleinen Schritten näherte er sich Stafford, der tief durchatmete und nun die Waffe auf alle richtete. Auch auf seinen Vorgesetzten und McEwan.

«Bist du verrückt? Ich lasse diese Schweine nicht laufen. Erschießen werde ich sie. Kaltmachen. Die haben mir das angetan!» Er deutete auf sein verletztes Bein. Der dicke Verband an seinem Unterschenkel war erneut blutdurchtränkt.

Überraschend trat Elisabeth Vincken ins Haus. Sie hatte die Situation durchs Fenster beobachtet und Fritz angewiesen, draußen zu bleiben. Ohne ihren Mantel abzulegen, schritt sie durch die Tür. Ihr angespanntes Gesicht wirkte nicht mehr wie das einer freundlichen Frau, es hatte etwas Maskenhaftes und Gebieterisches angenommen, das sogar ihren Sohn erstaunte. Nun bot sie all ihren Mut auf und trat in die Mitte des Raumes.

Verwirrt wusste Stafford nicht mehr, wohin er die Waffe richten sollte, denn Frau Vincken stand plötzlich zwischen ihm und den übrigen Soldaten. Misstrauen, Verletzungen und Tod waren stets allgegenwärtig in diesem Krieg und hatten die Soldaten geprägt. Wie sollte dies auf einmal, nur weil Weihnachten war, vergessen werden können?

«Wer ist diese Frau? Verschwinden Sie hier!», schrie Stafford. Der Pistolenlauf zeigte genau auf ihr Auge.

Frau Vincken blieb scheinbar unbeeindruckt stehen. Mit eisernem Willen wollte sie in ihrem Haus eine Schießerei verhindern. War es nicht ihre Schuld, dass der Soldat immer noch eine Pistole bei sich trug? Jetzt war es ihre Pflicht zu handeln.

Landers flehte seinen Untergebenen geradezu an: «Now, please give me your gun, Stafford!» Und fügte hinzu: «Immediately. And don't panic! Don't!»

«Ich lebe hier und sage deshalb: In diesem Haus wird nicht geschossen!», sprach Frau Vincken indessen mit ruhiger Stimme.

Fritz, der es draußen vor Angst und Anspannung nicht mehr ausgehalten hatte und unbemerkt ins Haus getreten war, begann zu weinen.

Stafford warf irritierte Blicke in die Runde. Wo kamen nur all diese Menschen her?

«Please, George, give me your gun!», bat Landers erneut und wedelte mit seiner rechten Hand.

«Hören Sie auf. Bitte. Hören Sie doch auf!», jammerte Fritz. Seine Tränen tropften in seine kindlichen Mundwinkel. «Das ist meine Mama. Lassen Sie meine Mama in Frieden!»

Stafford starrte immer noch mit aufgerissenen Augen, als könnte er so mehr erkennen. War alles vielleicht nur ein Fiebertraum?

Landers setzte sich langsam in Bewegung, die Hand immer noch erhoben. Er lächelte, wie er es immer tat, wenn seine Männer den barbarischen Hergang des Krieges nicht mehr aushielten. Da half nur eine ruhige, feste Stimme. Das wusste er.

«Jetzt kannst du mir die Waffe übergeben, Stafford, dann werden wir dich gesund pflegen. Du bist schwer verwundet. Fällst uns hier sonst noch vor die Füße und brichst dir was, und alles wird nur noch schlimmer, George. Diese Frau hat dir doch das Leben gerettet.»

Stafford merkte, wie sich in seinem Kopf ein Karussell zu drehen begann, und er schwankte gefährlich.

«Meine Mama!», schrie Fritz.

Ein Schuss löste sich. Landers riss seinem Kameraden die Waffe aus der Hand. Stafford sackte zusammen und blieb stöhnend am Boden liegen. Alle Kraft hatte ihn verlassen.

Elisabeth Vincken spürte, wie ihr der Schweiß über die Stirn lief. Sie fühlte ihren Körper merkwürdigerweise überhaupt nicht. War sie etwa getroffen worden? Nicht nur einmal, auch zweimal reichte nicht, sie prüfte dreimal, ob sie angeschossen war. «Gott sei Dank, es ist nichts passiert», stellte sie erleichtert fest.

Sie blickte in die Runde. «Ist irgendjemand verletzt?», rief sie besorgt. Ihre Augen überflogen Fritz, die beiden Amerikaner, Schüssler, Krämer, Lehnert und am Ende Peters. Alle waren unversehrt geblieben. Die Kugel hatte das dunkelbraune Radio über dem Kamin getroffen, das nun ein großes Loch unterhalb des rechten Drehknopfs aufwies.

«Du hättest erschossen werden können, Mama!», weinte Fritz laut. Er jammerte wie ein kleines Kind.

Seine Mutter nahm ihn schützend in die Arme. «Glaube mir, mein Junge, sie werden uns nicht erschießen», sagte sie mit einem vorwurfsvollen Blick auf die Soldaten.

Diese senkten beschämt ihre Köpfe. Nur Peters starrte sie an, als wäre sie soeben als geisterhafte Gestalt aus dem Boden herausgefahren.

Über Peters' Gesicht flackerte ein schwacher Lichtschein. In seinem Innern donnerten immer dieselben Worte von Fritz: «Das ist meine Mama, lasst sie in Frieden.» Was er da gehört hatte, wuchs in seinem Kopf zu einem großen Gespenst der Vergangenheit heran. Waren das nicht auch *seine* Worte gewesen? …

«Nein, nein, es sind nicht meine Worte!», schrie er in seinem Herzen dagegen an. Trotzdem überkam ihn ein Gefühl der tiefen Traurigkeit, und die Worte wiederholten sich wie eine Schallplatte hinter seiner Stirn: «Lasst sie in Frieden!»

Niemand wusste, dass in diesem Augenblick ein alter Krieg in Peters ausbrach. Ein Krieg gegen seinen eigenen Vater. Er war ein kluger Mann, ein interessanter Mann gewesen, aber er hatte die gefährliche Pranke eines Teufels besessen.

Peters' Gedanken färbten sich in ein nebelhaftes Grau, wanderten zurück in seine Kindheit. Er sah, wie sein Vater der Mutter ins Gesicht schlug. Peters zuckte zusammen und legte eine Hand auf seine Wange. Er sah, wie Haarspangen aus ihrer Frisur auf den einfachen Holzboden fielen. Und er hörte seine Jungenstimme schreien, die Fritz' Stimme glich: «Lass Mama in Frieden. Sie hat ja nichts getan.»

Mit einem schweren Räuspern schob Peters all diese dunklen Gedanken weg und flüchtete nach draußen an die kalte Luft. Es wühlte trotzdem weiter in ihm. Weshalb konnte Vergangenes nicht ruhen?

«Ich hätte nichts dagegen, wenn Vater im Krieg fällt», dachte er verbittert. «Soll er doch sterben.»

31. Das ist gar nicht gut

Stafford ächzte unter Schmerzen, während er aufs Bett zurückgetragen wurde. Landers stand dicht neben ihm und reichte Frau Vincken die Waffe. Sie steckte sie in ihre Schürze.

Starr vor Schreck rangen die Soldaten nach Luft und sahen sich fragend an. Peters, der wieder zurückgekehrt war, nahm eine silberne Zigarettendose aus seiner Hosentasche und öffnete sie langsam. Das Klappern der Dose schien die unerträgliche Spannung auf sonderbare Weise zu lösen. Dann bot er allen eine an.

«Gut, dass Sie dazwischengegangen sind, Frau Vincken», sagte Peters mit bisher unbekannter Stimme. War das ein Quäntchen Dankbarkeit? Peters besaß die Fähigkeit, sich immer wieder eine freundschaftliche Bühne zu schaffen, um sie innerhalb von Sekunden zu zerstören. Dieser Enttäuschungsmechanismus saß ihm in den Gliedern, er wurde ihn einfach nicht los, auch wenn er sich darum bemühte.

«Wenn Stafford einen von uns getötet hätte, Frau Vincken, was würden Sie dann vor dem Kriegsgericht aussagen? Vielleicht: ‹Ich wollte dem Mann nur einen neuen Verband anlegen und bat ihn deswegen ins Haus›? Sie sehen, wie gefährlich es ist, dem Gegner zu helfen. Deswegen wurde das Gesetz erlassen, den Feind nicht zu begünstigen, Frau Vincken. Haben Sie das jetzt begriffen?», sagte Peters mahnend.

Krämer blickte auf. «Was für eine Logik ist denn das bitte, Herr Unteroffizier? Soweit ich das mitverfolgen konnte, hat diese Frau Ihnen soeben das Leben gerettet», nuschelte er, beugte sich über den Kranken und verlangte mit einer Handbewegung von Frau Vincken die Kerze.

Wie eine Katze sprang Peters Krämer mit Worten an: «Wie reden Sie mit mir, Gefreiter? Beurteilungen stehen Ihnen nicht zu! Sie haben hier nur Befehle auszuführen. Also schweigen Sie, wenn Sie nicht gefragt werden!»

Gelassen blieb Krämer auf seinem Stuhl neben dem Krankenbett sitzen. Er zog lediglich den Kopf etwas aus der Schusslinie von Peters' Geschrei.

Sonderbarerweise gesellten sich nun Schüssler und

Lehnert zu ihnen. Wenn Peters die Nerven verlöre, müssten sie einschreiten, das spürten sie.

«Sie kennen doch Krämer. Der kann nie seine Klappe halten!», sagte Schüssler, und zu Krämer gewandt: «Wirf uns nicht ständig deine überkandidelten Akademikersätze an den Kopf. Du gehst uns damit auf den Wecker.»

«Ach, lass mich in Ruhe, Simon Petrus», sagte Krämer genervt.

«Du bist so ein Akademikerarsch», zischte Schüssler und machte die Faust. Fritz, der ebenfalls am Bett stand, grinste. Doch als seine Mutter ihn kurz anblickte, stellte er sich teilnahmslos. Fluchwörter waren in seinem Elternhaus tabu.

Frau Vincken reichte Krämer die Kerze. Jetzt stellte sie sich vor Peters und blickte ihn empört an.

«Wenn ich nicht dazwischengegangen wäre, Herr Unteroffizier, dann wären Sie jetzt vielleicht schon tot», sagte sie mit fester Stimme und drehte sich auf dem Absatz um.

«Wie recht sie hat», dachte Krämer und tastete mit einem kleinen Lichtstrahl und seinen Augen die Wunde ab.

Mit einem Glas Wein und einem Teller dampfender Suppe kam Frau Vincken ins Zimmer zurück. Sie stellte alles auf den Nachttisch und setzte sich aufs Bett.

«Hier, essen Sie, Private Stafford. Das ist Ihr Weihnachtsmahl. Sie sollten jetzt etwas zu sich nehmen», flüsterte sie ihm zu und strich ihm über die Stirn. Als sie den Löffel anhob, um ihm von der Suppe zu geben, legte Stafford den Kopf zur Seite und stöhnte leise. Er wollte ganz offensichtlich nichts.

Die anderen Soldaten mit Ausnahme von Krämer räumten den Platz und begaben sich wieder in die Stube.

Da hörten sie den angehenden Mediziner mit vernehmlicher Stimme sprechen: «Das ist nicht gut. Das ist gar nicht gut.»

32. Das wird ein Nachspiel haben

ergeant Landers und McEwan eilten besorgt herbei.

«Elisabeth, machen Sie ihm bitte neue Essigsocken. Das Fieber steigt. Ich glaube, das Bein hat sich entzündet. Es ist leider noch viel ernster, als ich dachte», erklärte Krämer.

Peters stand am Kamin und beobachtete die Szene unbeteiligt. Als Frau Vincken in die Küche eilte, sprach er sie an: «Auch wenn Sie sich hier als Retterin und Samariterin aufspielen, wird das ein Nachspiel haben, Frau Vincken.»

«Wozu tue ich das hier eigentlich?», sagte sie, in der Küche angelangt, zu sich selbst und blickte entgeistert ins Waschbecken.

«Gastfreundschaft, Mut und Großzügigkeit sind keine Schande, Frau Vincken, auch wenn der Krieg alles durcheinanderbringt», sagte Landers, der ihr gefolgt war, in ernstem Ton.

Krämer hatte Wasser geholt und tupfte erneut die Wunde ab. Sie war gefährlich groß, und wenn man genau hinsah, konnte man den Schienbeinknochen sehen. An den Rändern hatten sich gelbe Beläge von Eiter gebildet.

«Dieser verfluchte Krieg. Er verschont niemanden. Nicht einmal Frauen und Kinder», murmelte er. In Belgien hatten sie Zivilisten sterben sehen. Seine siegesgewisse Haltung hatte er schon längst abgelegt. Jetzt wollte er nur noch unversehrt dem Krieg entkommen und Opfer vermeiden. Eine schwierige Aufgabe für einen Gefreiten, der dem militärischen Eifer seines Vorgesetzten ausgeliefert war.

Krämer lächelte Frau Vincken an, als wollte er sagen: «Sorgen Sie sich nicht. Alles wird gut.»

«Wo lebt Ihre Familie?», wollte sie wissen.

«Meine Eltern sind schon seit Jahren tot. Ich war ihr jüngstes Kind. Ich hatte einen vier Jahre älteren Bruder, Jakob. Er ist in Russland gefallen. Ich bin froh, dass meine Mutter das nicht mehr erleben musste. Nach den insgesamt fünf Fehlgeburten, die sie erlitten hatte, hätte sie das nicht mehr verkraftet», gab Krämer bereitwillig Auskunft.

Sie blickte ihn traurig an. Gerne hätte sie ihre eigene Geschichte jetzt auch Krämer erzählt. Er war ein Menschenfreund. Zu ihm hatte sie Vertrauen. Er würde sie nicht verraten, so wie Peters es vielleicht tun würde, das wusste sie.

33. *Hermann*

Dass sie sich hier mit ihrem Sohn versteckt hielt, war nicht von ungefähr. Im Januar 1940 hatte sie bereits ihren älteren Sohn Hermann an der Front verloren. Ihren zweiten Sohn würde sie Hitler nicht ausliefern. Jetzt hatte er bereits die Sechzehnjährigen eingezogen und an die Front geschickt. Dieser Hitler würde auch noch Jüngere holen, da war sich Frau Vincken sicher.

«Sie tun das Richtige», sagte Krämer zu ihr und sah sie an.

Ihr lief ein Schauer über den Rücken. Und was, wenn alles rauskommen würde? Doch Krämers Zuspruch hatte etwas Tröstliches, so dass sie sich einen Augenblick in Sicherheit wähnte: Gott würde ihr aus der misslichen Lage heraushelfen.

Sie zog Stafford die Essigsocken über. Hoffentlich würde dadurch das Fieber sinken. Sie strich ihm über das Gesicht. Seine roten Wangen waren erhitzt, doch er war ruhiger geworden.

«Kommen Sie, wir wollen noch den Tannenbaum schmücken», rief McEwan ins Zimmer. Der Sergeant hielt den Zeigefinger vor die Lippen und trat mit McEwan kurz vor die Haustür. Die Männer brachten einen kleinen Weihnachtsbaum in die Stube und stellten ihn mit einem Holzfuß, den sie draußen im Schuppen gefunden hatten, auf den Esstisch.

«Gibt es irgendetwas, das wir an den Baum hängen können?», fragte Schüssler Fritz, der sich nach dem Vorfall wieder beruhigt hatte.

«Ja, wir könnten etwas Watte auf den Baum legen. Watte haben wir in der Kommode», murmelte Fritz und machte sich auf die Suche.

«Das wird schön», lachte Schüssler. «In unserem

Hafen stellen sie jetzt bestimmt wieder eine Tanne auf. Fünf Meter oder höher. Eine Rottanne. Und dann hängen sie die goldenen Kugeln dran. Am Weihnachtsmorgen kommen dann immer die Kinder vom Waisenhaus Emmaus und singen Lieder: ‹Ihr Kinderlein, kommet, o kommet doch all' …›» Er setzte sich auf einen Hocker und ließ wehmütig den Kopf hängen.

«Haben Sie Familie, Herr Schüssler?», wollte Frau Vincken wissen.

«Ich hatte mal 'ne Frau. Erna hieß sie. Erna. Was für ein Weibsbild. Wir haben uns kennengelernt und zwei Wochen später geheiratet. Im Winter 1935. So verliebt, wie wir waren. Aber wie das so ist. Ich war zehn Monate im Jahr auf See. Und wenn ich zu Hause war, vermisste ich die Arbeit. Ich hielt es nie lange zu Hause aus. In 'ner Kneipe schon … Dann hat Erna Krawall gemacht, weil ich mir manchmal ein Schlückchen zu viel gegönnt habe. Bald wollte sie nichts mehr von mir wissen. Matrosen sind keine Ehemänner, sagt man. Sie verbringen ihr Leben auf See und nicht im Ehehafen.»

«Das tut mir leid», gab Frau Vincken zur Antwort.

«Meine vier sitzen jetzt bestimmt unter dem Weihnachtsbaum und packen die Geschenke aus, wenn Ilse welche gekauft hat. Geld ist ja zurzeit fast keins da. Aber es wird schon wieder. Es wird schon. Wir werden diesen verflu… äh … Krieg gewinnen, und dann kehre ich zurück in meinen Laden», erzählte Lehnert treuherzig.

Die Amerikaner hatten nicht verstanden, aber Frau Vincken blickte ihn etwas vorwurfsvoll an.

Peters fuhr ihn fröhlich an und klopfte ihm auf die Schulter.

«Ja, wir gewinnen diesen Krieg. Korrekt, Lehnert. Es geht um die Zukunft des deutschen Volkes, Lehnert. Alle werden stolz auf uns sein.»

«Lasst uns endlich mal wieder 'ne Runde Skat spielen, Leute. Auf, Männer!», lachte Schüssler herausfordernd. Er mischte das Kartenset und begann, mit den Karten Zaubertricks zu vollführen. Alle sahen fasziniert zu.

Frau Vincken musste unwillkürlich schmunzeln. Sie und ihr Mann hatten früher regelmäßig mit den Nachbarn Skat gespielt.

Da kam Fritz durch die Tür und stellte eine Blechdose mit Watte auf den Tisch.

«Dieser Baum ist doch ein wunderschönes Exemplar. Ich hoffe, Sie haben nichts dagegen, dass wir in Ihrem Garten einen Baum abgesägt haben, Elisabeth», scherzte McEwan.

Sie lachte. «Glücklicherweise befinden wir uns im

Wald, sonst hätte ich mit Ihnen geschimpft, Private McEwan.»

Er zwinkerte ihr zu, und sie ging in die Küche, um das Geschirr abzuwaschen. Fritz machte sich eifrig daran, den kleinen Baum mit Watte zu schmücken.

Jetzt kam der Medizinstudent in die Stube, putzte sich die Hände an den Hosen ab und zog ein Päckchen Zigaretten aus seiner Jackentasche. «Nordland», stand auf der Packung. Sie wurden mit der Verpflegungsration an die Soldaten ausgegeben und dienten auch als passables Tauschmittel.

McEwan zündete gleich ein Streichholz an und trat auf ihn zu. Krämer nahm Feuer bei ihm. «Thanks.» McEwan nickte.

Als Krämer einen tiefen Zug nahm, hustete er leicht. Er wirkte müde und betrübt. Seine Brille war schmutzig und saß schief auf seiner Nase. Erneut nahm er einen Zug und hustete den Rauch aus.

Beim Anblick des Tannenbaums ging endlich ein Lächeln über sein Gesicht.

«Na, Fritz, welche Fächer magst du denn am liebsten in der Schule?», fragte er und blies den Rauch zur Decke.

«Am liebsten mag ich Physik und Mathematik. Vor allem Gleichungen finde ich toll», antwortete der Junge.

«Was ist mit Deutsch, Fritz?», wollte Peters unbedingt auch noch wissen.

«Ach, ich hasse das Aufsatzschreiben. Es fällt mir nie was ein», gab er enttäuscht zur Antwort.

«So, so», tadelte Krämer und lachte leise. «Es fällt dir also nie was ein.» Der Gefreite amüsierte sich sichtlich.

«Ja, wenn man einen Aufsatz schreibt, braucht es doch eine aufregende Geschichte. Etwas Erzählenswertes», befand Fritz.

«Nun ja, es kommt darauf an, wie man die Welt ansieht. Wenn du genau hinschaust, wirst du überall spannende Geschichten entdecken. Wenn ich zum Beispiel im Krankenhaus mit den Leuten spreche, erzählen sie mir aus ihrem Leben. Für mich ist das immer aufregend, weil jeder Mensch sein Leben auf unterschiedliche Weise sieht. Die Psychologie jeder Geschichte ist doch außerordentlich spannend», sinnierte Krämer.

Fritz sah ihn erstaunt an. Was erzählte der zukünftige Arzt da? Er verstand nicht ganz.

«Die Weltgeschichte ist nicht die Erde … ach Quatsch … ist nicht der Boden des Glücks. Perioden des Glücks sind leere Blätter in ihr, sagt der Philosoph Hegel», meinte Lehnert plötzlich und fuhr sich durch den Haarschopf. Langsam hob er das Glas an den Mund und nahm einen Schluck Wein.

«Wer?», fragte Schüssler und hielt sich die Hand ans Ohr.

«He-gel!», rief Peters laut.

«Wer spielt jetzt mit beim Skat?», fragte Schüssler.

34. Nichts Heldenhaftes

Elisabeth Vincken wusch das Geschirr ab, und Frank Landers hatte sich zu ihr gesellt. Er nahm das Geschirrtuch und trocknete die Teller ab, legte sie ordentlich auf die Ablage. Es klapperte leise.

«Das Essen hat sehr gut geschmeckt, Elisabeth», sagte er etwas bemüht freundlich.

Sie reagierte nicht darauf. Ihr ging etwas anderes durch den Kopf.

«Wie haben Sie es so lange da draußen ausgehalten, Frank? Es ist doch minus zwanzig Grad. Ich meine, Ihr Kamerad ist schwer verletzt. Es ist ein Wunder, dass er nicht erfroren ist.»

Frank Landers überlegte, ob er einer Deutschen verraten könnte, woher genau sie kamen und weshalb sie sich verlaufen hatten. Er legte sich eine unverfängliche Antwort zurecht.

«Wir waren ja in der Nähe von Monschau und wurden vom Gegner eingekesselt. Wir haben uns vom Ort entfernt, um in der Nacht einen Unterschlupf zum Schlafen zu suchen. Stafford wurde dabei verwundet, und ich habe meinen Kompass im Schnee verloren. Jede Nacht bangte ich um ihn. Aber der Mann ist zäh. Und dann haben wir Ihr Haus gefunden. Sie haben ihm womöglich das Leben gerettet.»

Sie hob ihren Kopf und blickte Landers in die Augen.

«Ich wünschte, ich wäre so heldenhaft, wie Sie mich beschreiben. Aber leider bin ich es nicht», widersprach sie.

Der Sergeant wunderte sich. Er konnte sein Erstaunen allerdings gut verbergen.

«Sie haben uns aufgenommen, uns zu essen gegeben und Stafford ein Bett verschafft. Und das, was da zwischen Staffords Waffe und den Deutschen stand, waren ebenso Sie, Elisabeth.»

Innerlich rastlos und zugleich abwesend, fuhr sie mit kühlen Fingern die Kaffeetasse auf und ab. Sie antwortete mit einem beiläufigen Schulterzucken.

«Hallo, Elisabeth, sind Sie das, oder ist das jemand anders?», fragte Landers humorvoll. Nun lächelten beide.

«Haben Sie eine Familie, Frank?», lenkte sie ab, und ihre Stimme wurde ganz leise, fast unverständlich.

Als müsste er ein Geständnis machen, wurde Landers' Gesicht ernst. Umständlich zog er ein Foto aus seiner Brusttasche. «Die letzte Nachricht von meiner Frau habe ich im November erhalten. Wir haben einen Sohn bekommen.» Er fuhr mit seinen Fingerkuppen gerührt über das Foto.

«Ich gratuliere. Oh, er ist wunderschön, Frank. Konnten Sie nicht nach Hause? Haben Sie keinen Weihnachtsurlaub bekommen?», wollte sie wissen.

«Nein, General Eisenhower spielt Golf in Florida, und wir sitzen hier in diesem Waldstück fest», brummelte Landers.

«Ich hoffe, wir können bald alle wieder in unsere Heimat zurückkehren», entgegnete sie traurig.

Sie war tief in ihre Gedanken versunken, während sie mit dem Abwasch fortfuhr. Das Wasser perlte an ihren Armen ab.

In der Stube legte Peters noch ein Stück Holz aufs Feuer und hielt seine Hände in die Wärme. Es knisterte laut und zischte. Das Holz war etwas feucht.

«Der Tannenbaum ist geschmückt!», rief Fritz glücklich, und die Soldaten sammelten sich um das kleine, mit Watte dekorierte Bäumchen. Alle schauten andächtig auf den Baum, der keine Kerzen trug, weil es keine gab. Aber das war nicht wichtig. Frau Vincken entdeckte in manchen Soldatenaugen Dankbarkeit, hier im Schutz ihrer Jagdhütte übernachten zu können.

«Stille Nacht, heilige Nacht! Alles schläft, einsam wacht nur das traute, hochheilige Paar …», begann Schüssler zu singen. Sein Schnurrbart bewegte sich rauf und runter und erinnerte Fritz an seine alte schnaufende Katze, die während der Angriffe auf Aachen verschollen war. Schüssler sang falsch, aber es wirkte berührend, und McEwan verdrückte eine Träne. Fritz stimmte mit ein, und seine Mutter gesellte sich mit weicher Stimme dazu.

Sie nahm die Bibel zur Hand, die sie von ihrem Nachttisch geholt und neben den Tannenbaum gelegt hatte.

«Ich möchte die Weihnachtsgeschichte aus der Bibel vorlesen», sagte sie und setzte sich auf einen der Stühle am Tisch. Erwartungsvoll nahmen alle Soldaten ebenfalls Platz und lauschten.

Unauffällig blickte Frau Vincken in die Runde ihrer Kriegsschützlinge. Sie machten nicht den Eindruck von Helden. Im Gegenteil. Ihre Kampfuniformen bildeten einen klaren Gegensatz zu ihren verzagten Mienen. Hätte in diesem Augenblick jemand das Ende des Krieges auszurufen gewagt – keiner von ihnen hätte auch nur eine Sekunde gezögert, sich nach Hause aufzumachen. Ja, sogar Unteroffizier Peters, der stets versuchte, militärische Haltung zu bewahren.

Es war lange her, seit Elisabeth Vincken die Weihnachtsgeschichte das letzte Mal vorgelesen hatte. Damals hatte Hermann noch gelebt. Sie blickte in die Gesichter der Männer. Sie waren doch fast alle noch jung. Niedergeschlagenheit ergriff sie. In der Offensive kurz vor Weihnachten waren viele Männer gefallen. Sie warf einen Blick auf die Bibel und kam sich wie eine Verräterin vor. Wo war die Barmherzigkeit Gottes in seiner Schöpfung geblieben? Würde sie sich nicht der Lächerlichkeit aussetzen, wenn sie jetzt aus der Bibel vorläse?

Traurig sah sie erneut in die Runde. All diese Männer mit ihren müden, verzagten Gesichtern! Männer in einem Eisenkäfig aus Waffen, Granaten, Militärfahrzeugen. Grausamer Krieg. Niemand war sicher vor ihm, dachte sie aufgewühlt. Er zog sich wie ein dichtes Netz aus Unglück über diese Welt. Konnte es denn eine noch grausamere, zynischere Welt als diese geben?

Nein, es musste doch ein Weg in die Hoffnung führen. Hoffnung, die man diesen Männern in den Wirren des Krieges zusprechen konnte. «Ich muss ihnen zeigen, dass sie kein Spielzeug sind in den Händen dieses Wahnsinnigen», überlegte sie verzweifelt.

«Es begab sich aber zu der Zeit ….», begann sie mit fester Stimme und laut genug, dass alle sie hören konnten.

Peters stand auf und wandte sich demonstrativ ab. «Ich kann diesen Mist nicht mehr hören», sagte er bitter und starrte zum Fenster hinaus.

Elisabeth schloss leise die Bibel und legte sie zur Seite.

«Ich kann nicht weiterlesen, da ich in Ihren Gesichtern sehe, was Sie beschäftigt. Ich weiß, dass zu dieser Stunde Heerscharen von Männern im Feld stehen und keine Möglichkeit haben, eine Kerze anzuzünden, an ihre Familie zu denken oder sich in Sicherheit zu bringen.»

Krämer begann für die Amerikaner zu übersetzen.

«Und Sie werden sich fragen, weshalb ich hier die Weihnachtsgeschichte lesen will. Aber ich brauche sie nicht zu lesen, denn wir kennen sie alle. Ich habe mich in den letzten Jahren oft gefragt, welche Spielregeln in diesem Krieg herrschen. Alles, was ich weiß, ist, dass Männer ihr Leben verlieren, Mütter ihre Söhne, Frauen ihre Männer und Kinder ihre Eltern. Ich bin keine Mathematikerin, die berechnen oder voraussagen kann, wann dieser Krieg zu Ende geht, wie viele Männer noch ihr Leben lassen werden oder ob in Deutschland bald alle verhungern müssen aufgrund dieser wahnwitzig hohen Kriegskosten.

Aber ich weiß, dass wir hier dennoch unsere eigenen Regeln machen können. Was uns noch bleibt bei all den Grenzen unseres Wollens und Handelns, die der Krieg uns auferlegt, ist unsere Freundschaft, ist unsere Hilfsbereitschaft. Christliche Barmherzigkeit soll nicht einfach ein Wort sein, sondern eine Tat. Auch wenn dieser kleine Umstand weder den Krieg beenden noch die Welt retten wird, kann er unseren Abend verändern, so dass wir alle ein Stück Ruhe und Frieden bekommen.»

Wie paralysiert starrte Peters weiter zum Fenster hinaus.

35. *Familie*

Der Gefreite Lehnert wischte sich verstohlen eine Träne aus den Augen. Er sah vor seinem inneren Auge, wie sein Jüngster am Tisch mit den anderen Kindern den Weihnachtskuchen verschlang und dabei die Krümel um seinen Teller verteilte.

Landers hatte den Kopf gesenkt und dachte an seinen Bruder, der vor einigen Monaten mit dem Kampfflugzeug abgestürzt war. Es war, als hätte sich nur für einen kleinen Augenblick ein Schleier vor der Ungewissheit gehoben. Und dahinter befand sich nicht die Leere, die sich in den letzten Monaten in vielen von ihnen aufgetan hatte, sondern ein merkwürdiger Friede, der sich tröstlich anfühlte.

«Meine Herren, wir gehen jetzt nach draußen und sehen uns den hellsten Stern der Nacht an», sagte sie entschlossen.

Sie öffnete die Tür, und die Männer nahmen ihre Mäntel vom Türhaken und drängten aus der schmalen Haustür auf die Veranda.

Sie musterten den klaren Sternenhimmel und tasteten mit ihren Augen Stern für Stern ab. Die Nacht war überwältigend.

«Wenn man so lange im Krieg ist wie wir, dann vergisst man die einfachsten Dinge», sagte Peters plötzlich schwermütig.

«Dort steht er. Sirius. Zurzeit der hellste Stern am Himmel», warf Frau Vincken ein.

Die Soldaten zündeten sich wieder Zigaretten an. Die Glimmstängel leuchteten in der Nacht. Elisabeth Vincken fror in ihrem Überwurf, den sie sich über die Schultern gelegt hatte, aber sie genoss den Augenblick.

Jetzt gesellte sich der Unteroffizier zu Schüssler und Krämer, setzte sich auf einen wackeligen Schemel, der auf der Veranda stand.

«Na, die Herren, gut gespeist?», fragte er in gespielt fröhlicher Manier.

«Jawoll, Herr Unteroffizier!», schmetterte Schüssler zufrieden zurück.

«Pst, halten Sie sich zurück. Sie wecken nicht nur Fuchs und Hase, sondern locken sämtliche Amis in der Umgebung an», tadelte ihn sein Vorgesetzter.

Schüssler zog genervt an seiner Zigarette. Warum nur wusste dieser Peters die Leute so gut anzustacheln, um sie danach gleich wieder zu maßregeln? Manchmal konnte er diesen altklugen Peters nicht ausstehen. Doch kameradschaftlich war er, das musste man ihm lassen. Dieser Krieg, dachte Schüssler, brachte nicht viel Gutes hervor, aber die Kameradschaft, die wurde hochgehalten.

Erneut warf er einen Blick zum Himmel. Wie lange es wohl noch dauern würde, bis er wieder auf seiner geliebten See war?

«Wie geht es dem Patienten, Private Krämer?», fragte Landers neugierig.

«Er schläft. Ich muss gleich wieder nach ihm sehen. Er ist in einem kritischen Zustand. Das Fieber ist alles andere als ungefährlich. Sie müssen ihn unter Umständen hierlassen, er kann weder gehen noch stehen. Es ist besser, wenn er von einem Wagen abgeholt wird», gab der Medizinstudent beflissen Auskunft.

Da sie englisch sprachen, hatte Frau Vincken nicht verstanden. Deshalb wiederholte Krämer es auf Deutsch. Sie horchte auf.

«Er muss hierbleiben?», fragte sie. Nahm das denn kein Ende? Doch schon im selben Moment schämte sie sich für ihre selbstsüchtigen Gedanken. Stafford brauchte alle Hilfe, die er bekommen konnte, und sie sorgte sich wieder mal allein um ihre Sicherheit und die von Fritz! Sie hielt den Atem an und tadelte sich selbst.

«Wir werden gut für ihn sorgen», murmelte sie schließlich zu Landers.

«Ich weiß noch nicht, ob wir ihn hierlassen oder mitnehmen. Ich will Sie nicht weiter in Gefahr bringen. Die deutsche Offensive hat erhebliche Geländegewinne gebracht. Es kann sein, dass noch mehr Deutsche hier in Ihrem Haus auftauchen werden», gab er besorgt zur Antwort. In seiner Stimme schwang Bedauern mit, weil es ihn daran erinnerte, die Vinckens in ein paar Stunden wieder verlassen zu müssen.

Plötzlich wurde es still auf der Veranda. Alle lauschten dem kaum vernehmbaren Bombengrollen.

«Ich werde heute Nacht aufbleiben», bemerkte Elisabeth Vincken. «Dann können Sie alle schlafen.»

Peters drehte sich zu ihr um. «Das ist nicht nötig. Ich werde Wache halten, Frau Vincken», gab er zurück.

Sie schüttelte den Kopf. «Sie sind alle sehr müde. Schauen Sie zu, dass Sie möglichst viel Schlaf bekommen», erklärte sie bestimmt.

Peters widersprach nicht. Er wusste, dass sie sich nicht überreden lassen würde. Bisher war sie derart standhaft gewesen, dass es keinen Sinn machte, sie zu beschwatzen. Einen Augenblick hatte er daran gedacht, sich nachts seine Waffe zu holen und die Amis gefangen zu nehmen. Aber die Gastfreundschaft der Vinckens wollte er nicht für einen solchen Überfall missbrauchen. Irgendwie mochte er diese Frau, auch wenn sie ihm etwas eigenartig zu sein schien.

Als sie zu frösteln begannen, gingen sie wieder ins Haus. Es war Mitternacht, als die Männer ihre Mäntel aufhängten und sich auf den Boden und auf die Bank zur Ruhe legten.

Krämer wollte sich vorher noch von Staffords Wohlergehen überzeugen. Er stand an seinem Bett und maß seinen Puls. Er war in Ordnung. Auch das

Fieber war gesunken. Krämer gab ihm noch einen Schluck Wein und verzog sich auf einen Stuhl neben dem Bett. Schnell schliefen die erschöpften Männer ein.

36. Ein ehrenhafter Tod?

Nur der Sergeant war noch wach, tigerte zwischen Küche und Stube hin und her, bis ihn die Hausherrin zwang, sich an den winzigen Tisch in der Küche zu setzen. Sie hatte frischen Kaffee aufgebrüht, damit sie es schaffte, die Nacht über wach zu bleiben. Hier, abseits der normalen Lebensbedingungen, änderten sich auch die Gewohnheiten Tag für Tag ein klein wenig.

«Elisabeth, woher kommen Sie? Sind Sie so was wie ein Engel?», fragte Landers lächelnd.

Sie schüttelte entschieden den Kopf. Wenn er wüsste! Sollte sie ihm die Wahrheit sagen? Sie rang mit sich. Jetzt tobte nicht nur ein Krieg da draußen, sondern auch in ihrem Innern.

«In Tat und Wahrheit halte ich mich hier mit meinem Sohn versteckt. Die Hitler-Jugend ist uns auf den Fersen. Aber wir konnten ihnen entgehen», gestand sie auf Französisch.

Landers sah sie ruhig an. Es schien ihn in diesem Krieg nicht mehr viel erschüttern zu können. Sein Verhalten war ein Trost für Elisabeth Vincken. So schlimm konnte es also nicht sein.

«Ich wollte nicht noch einmal einen Sohn verlieren», sagte sie mit einer gewissen Klarheit und Überzeugung in der Stimme.

Die Traurigkeit in Landers' Augen war nicht mehr zu übersehen.

«Sie haben einen Sohn verloren? I'm terribly sorry, Elisabeth.»

Sie wirkte müde und zerbrechlich. Jetzt öffnete sie ihren Dutt, so dass ihr das Haar ins Gesicht fiel. Sie begann schwer zu atmen. Der Verlust ihres ersten Sohnes saß ihr noch immer tief in den Knochen, und es fiel ihr schwer, dafür Worte zu finden.

«Wie alt war Ihr Sohn, Elisabeth?», fragte Landers betroffen.

«Hermann war gerade zwanzig Jahre alt geworden, als 1940 die jungen Männer einberufen wurden. Er wollte studieren. Physik. In Köln. Er wollte nach Köln.»

Landers legte seine Hand auf ihre Schulter.

«Erschossen?»

«Nein», sagte sie bewegt. «Er hatte eine Lungenentzündung. Er schrieb mir, dass er aufgrund seines Hustens nicht schlafen könne. Sie haben ihn nicht behandelt. Dabei konnte er kein Auge mehr zumachen. Sie dachten, ihn plage bloß ein zäher Husten. Das ist alles.»

Soeben war ihr bewusst geworden, dass «Lungenentzündung» in den Augen der Wehrmacht unter Umständen nicht als ehrenhafter Tod galt. Es war eine verrückte Welt, fand sie, und sie ließ den Kopf sinken. Und nicht einmal hier im Wald blieben sie von dem ganzen Irrsinn verschont. Seit Wochen wünschte sie sich, nicht mehr über ihren Hermann nachdenken zu müssen. Doch es war ihr nicht gelungen. Bis in den Hürtgenwald verfolgte sie die Geschichte ihres Sohnes, ja der ganze Krieg.

Tieftraurig fragte sie auf Deutsch: «Ist mein Sohn einen ehrenhaften Tod gestorben, Frank?»

Es war lediglich ein unbeholfener Versuch, etwas Trost zu erhalten. Landers hatte nicht verstanden und sah sie ratlos an. Sie wiederholte die Frage auf Französisch.

«Jeder, den es erwischt, wird als mutiger Soldat geachtet. Auch wenn er im Lazarett an einer Lungenentzündung stirbt», log er.

Sie verdrückte eine Träne und strich sich verlegen über ihr Kleid. Wenn nun auch ihr Mann nicht zurückkehren würde von der Front, würde ihre Welt zusammenbrechen, das wusste sie. «Reiß dich zusammen, Elisabeth», ermahnte sie sich. «Reiß dich endlich zusammen.»

«Hören Sie mir zu, Elisabeth. Ich muss Ihnen etwas sagen. Ich weiß nicht, wie viel Sie wissen oder was man Ihnen hier in Deutschland mitteilt, aber die Arbeitslager der Nazis sind reine Todeslager. Wir wissen, dass sie Tausende von Gefangenen schon erschossen oder vergast haben. Kinder und alte Menschen sind dabei. Auch auf unserem Weg haben wir Leichen gesehen. Sie trugen einen gelben Stern auf dem Mantel. Es waren Familien mit Kindern, Elisabeth. Wissen Sie davon?», fragte Sergeant Landers eindringlich.

Sie schüttelte wie abwesend den Kopf.

«Meine Schwester hat so etwas angedeutet. Ich wusste, dass Menschen umgebracht werden. Aber ich weiß nicht, in welchem Ausmaß. Man sagt uns ja nichts», antwortete sie mit zitternder Stimme.

«Ja, es ist leider wahr. Wir müssen den Krieg gewinnen, Elisabeth. Hitler ist wahnsinnig. Er stürzt Deutschland, Europa, ja die ganze Welt in eine Katastrophe.»

«Um Himmels willen! Was wird nur aus uns werden?», fragte Elisabeth mit glasigen Augen.

Sergeant Landers legte tröstend seine Hand auf ihren Arm und strich mit dem Daumen sanft über den Stoff ihres Kleides.

«Sie dürfen den Nazis nicht trauen. Bringen Sie sich in Sicherheit. Flüchten Sie mit Ihrem Sohn ins Ausland, wenn Sie können. Vielleicht wird der Krieg schneller zu Ende sein, als wir alle vermuten», sagte er mit eindringlicher Stimme.

Elisabeth hielt die Hände vor das Gesicht und weinte leise. Dann nahm sie einen Schluck Kaffee aus der Tasse und flüsterte: «Und Sie sehen zu, dass Sie Ihren neugeborenen Sohn möglichst schnell kennenlernen, Mister Landers.»

Verlegen nahm er etwas Zucker in den Kaffee. Er erkannte am Klang ihrer Stimme und ihrem Widerhall in seiner Seele, wie tief sie in sein Herz vordrang und wie recht sie damit hatte.

«Ich werde meinen Sohn auch vor Gefahren bewahren. Genau so, wie Sie es tun», meinte er und nippte dankbar an seinem heißen Getränk.

Bald übermannte ihn die Müdigkeit. Die Augen fielen ihm zu, und er schlief mit dem Oberkörper auf der Tischplatte ein.

Nachdenklich drehte sich Unteroffizier Peters ab. Er lag immer noch wach, hatte aber nur einen einzigen Satz verstanden, den Elisabeth Vincken auf Deutsch gesagt hatte: «Ist mein Sohn einen ehrenhaften Tod gestorben, Frank?»

37. *Feinheiten*

Elisabeth schob ihren Stuhl zurück und stand auf. So leise wie möglich legte sie noch ein Holzscheit ins flackernde Feuer. Behutsam stieg sie über die schlafenden Soldaten, die auf dem Stubenteppich lagen.

Sie sah nach Stafford, der ebenfalls schlief. Die Decke war verrutscht, und das Laken lag teilweise auf dem Boden. Sie hob es auf und steckte es wieder ordentlich unter die Matratze.

Auf irgendeine Weise war sie glücklich. Sie begriff allerdings nicht genau, weshalb. Die Stille der Nacht tat ihr gut. Die letzten Stunden waren derart aufreibend gewesen, dass sie in dieser wundersamen Ruhe eine tiefe Zufriedenheit in ihrem Innern spürte.

Sorgfältig legte sie Private Stafford die Hand auf die

Stirn. «Gott sei Dank, das Fieber ist gesunken», dachte sie erleichtert. Staffords Gesicht wirkte entspannt. Bald würde er über den Berg sein, davon war Elisabeth überzeugt. Einige Minuten stand sie einfach nur da und beobachtete aufmerksam sein Gesicht. Zufrieden verließ sie das Schlafzimmer.

Elisabeth Vincken war nicht mehr dieselbe Frau wie Stunden zuvor. Nein, es war nicht mehr dieselbe Frau, die hier durch den Raum ging. Sie sah mit kühler, analytischer Beobachtungsgabe, was sie hinter sich gebracht hatte. Es war ihr, als ob ihr Gehör an Feinheit und ihr Auge an Schärfe gewonnen hätten.

Dann deckte sie im kleinen Nebenzimmer Fritz zu, der nach den Strapazen des Tages erschöpft eingeschlafen war. Er atmete ruhig. Nur sein Kopf schaute unter der dicken Daunendecke hervor, was ihn wie einen überdimensionalen Käfer aussehen ließ.

Sie achtete diesmal nicht darauf, wie eng das Zimmer war. Ein Hasenstall, dachte sie sonst jedes Mal, wenn sie Fritz' Bett machen musste und es trotz ihrer zierlichen Gestalt kaum schaffte, sich zwischen Bett und Wand vernünftig zu drehen. Heute war dieser Umstand unwichtig.

Zärtlich fuhr sie ihrem Sohn mit der Hand über die Wange. Er war zwölf geworden, hatte bereits die Gesichtszüge eines Jugendlichen angenommen, doch seine Augen waren immer noch die eines Kindes.

Sie richtete sich auf. «So», dachte sie, «jetzt ist es an der Zeit.»

38. Schnüffler

eters erschrak. Aus Angst vor dem Feind schreckte er hoch und blickte nervös um sich. Die Waffen, wo waren die Waffen?

Jetzt wusste er wieder, wo er sich befand. Er sah über die Tischkante auf den Frühstückstisch. Dieser war bereits gedeckt, und es roch nach frischem Schwarzbrot, Kuchen und Kaffee. Sein Haar stand in alle Richtungen, und die Uniform hing schief von seinen Schultern. Mühsam erhob er sich. Als Erstes zog er alles ordentlich in Position. So würdelos sollte ihn niemand sehen.

Er blickte mit geschwollenen Augen in die Küche. Frau Vincken wusch gerade ihre Hände, drehte sich um und lächelte ihm zu. Sie hatte, gut sichtbar, dunkelblaue Ringe unter ihren matten Augen.

Er nickte. Dann ging er zur Haustür, trat hinaus und sog die Winterluft ein. Es war ihm, als sei er der Erste auf der Welt, der diese unberührte Luft in seine Lungen ließ.

Drüben, jenseits der Lichtung, warf die Sonne ihre Strahlen an die schwarzen Tannen. Schnee fiel schwer von ihren Ästen und stempelte Löcher in den weißen Boden. Ein stiller Morgen, dachte Peters.

Da traf sein Blick die abgedeckten Gewehre. Jetzt war der Zeitpunkt gekommen! Er schob die Decke beiseite und nahm seine Waffe an sich, drehte sich um und öffnete leise die Tür. Da spürte er ein drängendes Kribbeln in seinem Unterleib. Musste das jetzt sein?

Peters war genervt. «Ach, die schlafen ja alle noch», überlegte er. «Nur eine Minute …» Er warf sein Gewehr über die Schulter und ging die Treppe hinunter in den Schnee.

Mit leichten Beinen stapfte er durch das winterliche Weiß. Erfrischendes Knirschen unter seinen Stiefeln. Er blickte um sich. Ein Reh, das ihn mutig beobachtet hatte, sprang plötzlich verschreckt von der Lichtung in den schützenden Wald hinein.

Er musste jetzt dringend pinkeln. Sein Schamgefühl trieb ihn vom Haus weg hinter einen Baum. Er stellte sich an eine hohe Tanne, die ihm gefiel, wärmte sein vom Schlaf und von vielen durchwachten Kriegsnächten geschwollenes Gesicht in der Sonne und erleichterte sich. Seine Augen rot entzündet von unruhigem Schlaf, der Bart juckend, klebriger Morgenmund. Aber egal. Zufrieden knöpfte er seinen Hosenstall zu und drehte sich um.

Unvermittelt meldete sich wieder sein anerzogener Scharfsinn, und seine gute Laune verflüchtigte sich im Rauschen der traurigen Tannen und verschwand irgendwo im Dunkel der Bäume. «Diese Amis packen wir gleich ein und nehmen auch die Vincken und ihren Sohn mit», überlegte er. «Die führt doch was im Schilde.» Er beobachtete seinen Atemhauch, der in der eisigen Kälte tanzte.

«He!», schrie plötzlich ein Mann, der hinter einem Baum hervortrat.

«Schon wieder Amis, verfluchter Mist noch mal!», dachte Peters erschrocken. Der Amerikaner hielt eine Maschinenpistole unter dem Arm.

Peters zuckte zusammen und ging, die Hände in der Höhe, langsam rückwärts, den nervösen Soldaten im Blickfeld. Er fiel rücklings hin, rappelte sich wieder auf, warf den Kopf zurück, immer den anderen im Auge behaltend. Sein Herz schlug hart gegen sein Brustbein. Er spürte seinen schnellen Puls in den Schläfen.

«Keine Angst, ich bin Deutscher. Sonderkommando. Meinen Namen werde ich Ihnen nicht verraten», sagte der Soldat. Und da, das Zeichen: Er nahm seinen Helm ab, wie es alle deutschen Spione taten.

Erleichtert ließ Peters seine Hände sinken. Dennoch wunderte er sich: ein Spion mitten in den Wäldern?

«Nun bin ich aber erleichtert. Wer hier am Ende wer ist, weiß man ja nicht mehr so genau», sagte Peters beinahe belustigt und reichte ihm die Hand. Dann zog er eine Schachtel Zigaretten aus seiner Brusttasche.

«47. Volksgrenadier-Division, Grenadier-Regiment 103. Unteroffizier Peters.» Er fror ein wenig trotz der Sonne, und er spürte, wie sein Rücken vom harten Holzboden der Hütte schmerzte.

«Wollen Sie eine Zigarette? Wo kommen Sie denn her? Verlaufen? Sie sind also ein Spion, hab ich recht?», überschüttete Peters den Mann mit Fragen.

Die beiden zündeten sich eine Zigarette an und rauchten genüsslich. Der Spion lächelte und begann zu erzählen.

«Richtig, Peters. Hätte nicht gedacht, dass Sie davon wissen. Eigentlich streng geheim, die Sache. Wir wurden am 16. Dezember losgeschickt. Unser Ziel ist in erster Linie, an den alten Eisenhower heranzukommen. Leider haben sie einige von uns erwischt. Wir waren nicht vorsichtig genug.»

Peters hörte gebannt zu, hob konzentriert den Kopf, trat einen Schritt näher.

«Bis wir bemerkten, dass diese verfluchten Amis nur zu zweit oder allein in den Jeeps sitzen, dauerte es eine Weile.»

Seine Ausführungen stockten alle paar Augenblicke, weil er zwischendrin immer wieder an seiner Zigarette zog. Peters wurde ungeduldig. Im Haus befanden sich Amis. Was, wenn …? Er wagte nicht, weiterzudenken.

«Bei einigen Kontrollen haben sie uns enttarnt und zwei Kameraden erschossen. Die Amis haben Panik bekommen. Jetzt sehen sie überall den Feind. Sie meinen sogar, dass sich Englisch sprechende deutsche Frauen hinter ihren Linien herumtreiben, um die Amis im Schlaf abzustechen. Jetzt bin ich nur noch alleine unterwegs. Mein Jeep hat einen Plattfuß, einen halben Kilometer von hier. Hab ihn stehen lassen. Trage die Uniform der Amis nicht freiwillig. Dieser Krieg ist verrückt, kann ich Ihnen sagen. Es würde mich nicht wundern, wenn Deutsch sprechende Frauen der Alliierten auftauchen, um uns Deutsche um die Ecke zu bringen. – Seid ihr hier in diesem Haus untergebracht?», wollte der Spion wissen.

Peters wurde verlegen. Immerhin hatte er die Nacht unter einem Dach mit Amerikanern verbracht.

«Die Jagdhütte gehört einem deutschen Soldaten. Wir haben hier übernachtet, ziehen gleich weiter.»

Peters rührte sich nicht. Einen Augenblick zögerte er und blickte zur Haustür. Diese Agenten waren unerbittlich. Wenn er ihm Auskunft über ihren sonderbaren Waffenstillstand gäbe, was würde dann mit ihm geschehen?

39. Schüsse

ritz öffnete die Augen. Wie auf einem führerlosen Schiff war er durch seinen unruhigen Traum gefahren. An seiner Mutter vorbei in einen Wald aus gelbem Honig. Sie hatte die Hand erhoben und ihm gewunken. Sie sah traurig aus, wie bei einem Abschied. Wollte sie ihn verlassen?

Fritz schüttelte den Traum ab und erhob sich. Dann zog er sich einen Pullover, Hosen und Schuhe an. Er fuhr sich schläfrig durchs zerzauste Haar und blickte in die Stube. Müde schleppte er sich aus seinem kleinen Schlafzimmer. Lehnert und Schüssler schnarchten noch. «Wo ist Unteroffizier Peters?», fragte Fritz sich. Wollte er sich etwa ein Gewehr holen?

Wirre Gedanken voller Misstrauen und Verunsicherung belagerten ihn. Doch die Morgenmüdigkeit war stärker. Vor den Soldaten, die auf dem harten Boden lagen, blieb er stehen und sog den Duft von frischem Brot ein. Die Amerikaner erwachten, richteten sich auf, lächelten ihn an und grüßten mit flüchtiger Soldatenhand am Kopf.

«Good morning», sagte Fritz auf Englisch.

«Hi there, good morning, champion», antwortete Landers freundlich. Die Soldaten konnten sich nicht erinnern, in den letzten Monaten jemals so gut geschlafen zu haben wie in dieser Nacht.

Fritz schlurfte in die Küche, in der seine Mutter das Frühstück vorbereitete. Sie küsste ihn flüchtig auf die Stirn.

«Morgen, Mama. Hatte einen komischen Traum», sagte Fritz verschlafen.

Der frische Kaffee brodelte über dem Feuer, Milch kochte in einem kleinen Topf. Mit Schwung zog Elisabeth Vincken das Brot aus dem Ofen. Es war hellbraun mit dicker Kruste. «Riecht es gut?», fragte sie ihn. Fritz nickte zufrieden.

Er trottete zurück in die Stube und nahm sich den Helm von Landers. Prüfend fuhr er mit seinen Augen über den Stahl und das Netz, das sich über den Helm zog. Vorn prangte ein gelber Totenkopf. Der Helm sah ziemlich neu aus, geradezu ungebraucht, fand Fritz. Er roch am Leder im Innern und zog seine Nase gleich wieder zurück. Es stank nach einer aufdringlichen Mischung aus Schweiß und Haarfett.

Landers stopfte sein Hemd in die Hose, nahm Fritz den Helm aus den Händen und setzte ihn dem Jungen auf. «Look at him! Fritz looks much better than you, McEwan.»

McEwan lachte und knöpfte sich das Hemd zu. «Hey, man, this is a very dirty bowl, Fritz.» Dann nahm er seine Jacke und warf sie lachend Fritz um die Schulter.

«Bitte setzen Sie sich an den Tisch», bat Frau Vincken die Soldaten freundlich, ohne ihre übergroße Müdigkeit verbergen zu können. Sie hatte die Nacht kein Auge zugetan und sehnte sich nach ihrem Bett.

Fritz schlenderte mit hängenden Schultern zur Haustür. Als er sie öffnete, überkam ihn ein seltsames Gefühl. Trotzdem trat er nach draußen, um dringend zum Abort zu gelangen.

Peters hatte die Tür gehört und sah ängstlich auf. Wenn er jetzt aufflog, war er geliefert.

«Amis!» rief der Spion entsetzt, mehr brachte er vor Schreck nicht heraus. Er richtete seine Waffe auf den uniformierten Jungen.

Peters schossen tausend Dinge durch den Kopf: «Ich habe unbefugt mit Amis unter einem Dach übernachtet; Frau Vincken ist eine Verräterin; was, wenn sich die Amis das Gewehr schnappen und uns als Gefangene nehmen?; Frau Vincken hat mich belogen; ich bin meinen Leuten kein Vorbild; Fritz ist doch noch ein Kind!»

«Nicht schießen!», schrie er warnend.

«Du Schwein, du gehörst zum Feind!», bellte der Spion und schwenkte seine Waffe von Fritz auf Peters und wieder zurück.

«Das ist ein deutscher Junge!», schrie Peters, «wir sind Deutsche!»

«Unsinn, erzähl mir keinen Unsinn, Ami. Du bist auch einer von denen! Mann, man erkennt euch gar nicht, so gut beherrscht ihr unsere Sprache. Sie haben uns gewarnt. Ihr kennt uns in- und auswendig. Ihr pinkelt sogar wie wir. Es ist also wahr, dass ihr euch in den Ardennen versteckt haltet. In den Jagdhütten also, so ist das! Ein deutscher Junge! Willst du mich verarschen? Bei dieser Körpergröße? Was lasst ihr euch sonst noch einfallen? Hey! Keep your hands on your head!», befahl der Spion schreiend.

Peters spürte, dass seine Worte keine Macht mehr besaßen, dass der Junge der Maschinenpistole des Spions erbarmungslos ausgeliefert war.

«Lassen Sie ihn, er ist erst zwölf Jahre alt!», bat Peters nun mit tiefer Stimme. «Fragen Sie ihn doch selbst. Reden Sie mit ihm, verflucht noch mal, er ist Deutscher. Ich habe die Kennkarte seiner Mutter überprüft. Er ist ihr Sohn. Mann, machen Sie keinen Scheiß!»

Nun schob der wütende Spion Peters den Lauf direkt ins Gesicht. Peters spürte, wie das kalte Metall hart auf seine Stirn traf. Er schloss die Augen.

«Stellen Sie mir Fragen, stellen Sie mir Fragen. Dann sehen Sie, dass wir Deutsche sind», schrie Peters außer sich.

«Nein, nein, auf den Trick falle ich nicht rein!», stammelte der Spion nervös. Wasser tropfte aus seiner roten Nase, und seine Zähne blinkten erstaunlich weiß.

«Das habt ihr alles auswendig gelernt. Dumm seid ihr nicht. Ich muss dir keine Fragen stellen, Ami. Ich weiß, wie das läuft. Habe auch alles gelernt. Habe alles hier drin in meinem Kopf, wenn sie mich fragen sollten. ‹Wer ist Präsident der Vereinigten Staaten? Wo liegt Ohio? Wer hat das letzte Spiel gegen die New York Yankees gewonnen?› Alles weiß ich. Du kannst mir nichts vormachen, Ami. Gibt's noch mehr von euch? Sag schon!»

Er versetzte Peters mit dem Lauf einen Hieb gegen den Kopf und nahm ihm die Waffe ab. Blut floss Peters von der Platzwunde ins Auge.

«Dieses Schwein muss büßen, wenn ich ihn rankriege!», brüllte es in ihm. Das warme Nass lief weiter über die Wange und tropfte in den jungfräulichen Schnee. Ihm wurde schwindelig.

Der Spion war außer sich, er blickte fahrig zu Peters und wieder zum Haus, wo Fritz wie angewurzelt stand und die Hände hinter dem Kopf hielt.

Als Frau Vincken aus dem Haus stürzte und die Waffe sah, die auf ihren Sohn gerichtet war, schrie sie in Panik:

«Neeein, nicht meinen Jungen!»

Sie warf sich auf Fritz und polterte mit ihm die Verandatreppe hinunter. Peters sah, wie der Spion lächelte und abdrückte. Das Rattern der Maschinenpistole riss nun auch die übrigen Soldaten aus dem Schlaf. Ein Dutzend Kugeln schlugen hart in die Veranda ein.

40. *Kinder tragen keine Schuld*

Heiß durchlief es Maximilian Peters' Körper. Zur selben Zeit nahm sein Herz Besitz von ihm und schlug bis in seine Fingerspitzen.

«Er hat gelächelt», dachte Peters entsetzt. «Dieses verfluchte Schwein schießt auf eine Mutter und ihr Kind und lächelt dabei!»

In seinem Kopf tanzte dieses Lächeln, bis ihn eine übermächtige Wut überrollte und ihm ungeahnte Kräfte zuwachsen ließ. Er warf sich mit seinem gesamten Gewicht auf den Spion, riss ihm die Waffe aus der Hand und versetzte ihm einen kräftigen Schlag gegen die Schläfe. Der Mann sank blutend zu Boden. Bewusstlos blieb er im Schnee liegen.

Das Fenster öffnete sich. «Verdammt, Peters, wer ist das?!», schrie Krämer besorgt.

Peters atmete schwer und winkte ab. Jetzt, wo Schüsse gefallen waren, war ihre Bleibe nicht mehr sicher. Keine Zeit für lange Erklärungen.

«Machen Sie sich bereit, wir müssen bald los!», befahl er seinem Soldaten.

Krämer hatte sofort verstanden und informierte seine Kameraden.

«Beinahe hätte es Fritz erwischt», dachte Peters aufgewühlt. Ausgerechnet den Jungen. Was konnte der denn schon dafür? Was konnte ein Kind denn dafür?!

Peters sah sich als Junge im Eingang seines Elternhauses stehen, und niemand auf der Straße würdigte ihn eines Blickes. Schlaff hingen seine Arme von den Schultern. Die Straße, in der er aufwuchs, schien ihm entgegenzuschreien, so laut war sie in seinem Kopf. Ausgewaschene Reklameschilder über den Läden. Seine Stimmung war nur vordergründig in der Balance; dahinter war er furchtbar deprimiert. Seine Mutter wollte sich scheiden lassen. «Endlich, endlich, endlich lässt er sie in Ruhe», dachte Maximilian Peters damals mit seinen dreizehn Jahren.

«Was kann denn der Junge schon dafür?», hatte seine Mutter ihren Ehemann angeschrien.

Was konnte denn der Junge dafür, dass Erwachsene sich nicht verstanden?! Peters' Gedanken kreisten. Sie flüsterten ihm Wort für Wort ins Gedächtnis und riefen seine instinktive Urteilskraft auf den Plan. Dabei wurde ihm klar: Kinder trugen keine Schuld an den Unzulänglichkeiten der Erwachsenen. «Nein, Kinder tragen keine Schuld! Vielleicht sind sie nur der hilflose Teil einer fehlerhaften Gesellschaft. Ja, wahrscheinlich sind sie das», dachte Peters erschüttert.

Er schüttelte seine Gedanken ab und schritt auf Elisabeth Vincken und Fritz zu. Dann kniete er sich zu ihnen nieder. Sie weinten bitterlich, und er schaute sie betroffen an. Er wartete geduldig, bis Mutter und Kind sich beruhigt hatten. Dann legte er der Frau freundschaftlich die Hand auf die Schulter und sagte mit umgänglicher Stimme:

«Keine Sorge. Sie sind in Sicherheit, Elisabeth.»

41. Vertrauen

«verything okay? I'm sorry, Elisabeth. I'm so sorry!», sagte Landers. Es sei ein unverzeihlicher Fehler gewesen, so etwas würden sie nie wieder tun, es täte ihnen furchtbar leid, plapperten sie unaufhörlich auf Englisch.

Krämer und Lehnert banden dem Spion die Hände auf den Rücken und übergaben ihn den Amerikanern als Gefangenen.

«Die kenne ich. Bastarde. Wir rauchen die Zigaretten nie fertig. Nie. Can you hear me?!», sagte Landers wütend. «Sie schleusen sich in unsere Reihen ein und machen uns Angst, um unsere Kriegsstrategie zu unterlaufen.»

McEwan knebelte ihn mit seinen stattlichen Händen und fesselte seine Füße, so dass der Mann aufschrie. Danach setzte er ihn in den Holzschuppen und schlug mit zufriedener Miene die Tür zu. Erst mal frühstücken, dachte er hungrig.

Am Frühstückstisch zitterte Frau Vinckens Stimme, während sie betete: «Herr, wir danken dir, dass du Fritz und uns alle vor Unheil bewahrt hast … und bitte begleite alle Soldaten auf sicherem Weg zurück in ihre Einheit.»

Auch Peters hielt den Kopf gesenkt. Beinahe hätte es den Jungen erwischt, dachte er entsetzt. War das ein Krieg ohne Regeln geworden? Und er? Beinahe wäre er von einem Deutschen erschossen worden. Von einem Deutschen! Er spürte seine Verwirrung über die Zustände, die er nicht mehr einordnen konnte. Man konnte vor niemandem mehr sicher sein, dachte er. «Wem willst du denn noch trauen?», fragte ihn plötzlich eine innere Stimme. «Und was bedeutet dir Vertrauen?»

Die Soldaten tranken hastig ihren Kaffee und aßen Schwarzbrot mit Wurst. Butter war keine mehr da.

Fritz kaute stumm auf seinem Brot und trank eine heiße Milch. Was er hier erlebt hatte, konnte er in seinem kindlichen Gemüt noch nicht richtig verarbeiten. Er versuchte sich deshalb abzulenken, überlegte, wann wohl sein Vater zurück sein würde. «Vielleicht bringt er mir ja auch noch ein paar Süßigkeiten. Vielleicht sogar Schokolade», dachte er erwartungsvoll. Er schlürfte seine Milch und hoffte inständig, seinen Vater bald wiederzusehen.

42. Ein Krieg der Missverstandenen

Elisabeth Vincken reichte vor dem Haus jedem Soldaten ihre Hand. Sie war warm und der Händedruck herzlich. «Gott segne Sie, Sergeant Landers.»

Der Sergeant umarmte sie und küsste sie auf beide Wangen.

«Take care, Elisabeth», sagte er mit dankbaren Augen und zwinkerte ihr zu. Dann ließ er sie los und trat einen zögerlichen Schritt zurück.

«Ich wünsche Ihnen alles Gute, Herr Unteroffizier Peters.»

Peters musterte Frau Vincken noch einmal kritisch. Sie lächelte ihn an, ganz ohne Anstrengung, ohne falsche Absichten.

«Kann so ein Lächeln wirklich lügen? Irre ich mich in ihr?», fragte er sich und spürte, wie die Kriegsspielregeln unter seinen Zweifeln zu zerbrechen begannen. Vor einigen Monaten hatte Peters von der Sippenhaft gehört, die Hitler den Familien seiner Generäle auferlegte. Wenn die Generäle Befehle verweigern sollten, würde Hitler ihre Frauen und Kinder hinrichten. War ein Führer, der seine eigenen Männer und deren Familien ohne

Respekt und ohne Erbarmen behandelte, überhaupt fähig, das deutsche Volk zu lieben? Fragen über Fragen, die Peters sich nun stellte.

War dies ein Krieg der Missverstandenen geworden, ein Krieg der Stillen? In wenigen Minuten würden sie im Wald abtauchen und wieder unweigerlich Feinde sein …

Die schweren Mäntel der Soldaten zogen an ihren ratlosen Schultern, und Frau Vincken las das Bedauern in ihren Augen.

«Ich danke Ihnen, Frau Vincken», sagte Unteroffizier Peters schließlich mit der antrainierten Stimme eines Misstrauischen. Es schien, als überprüfte er auch jetzt noch jede seiner Handlungen mit militärischer Disziplin. Doch es war nicht mehr so.

«Und achten Sie bitte etwas besser auf Ihren Sohn», sagte er mit einem gewissen Wohlwollen.

Sie lächelte überrascht.

«Danke, dass Sie Stafford noch einen Tag hierbehalten. Ein Jeep wird ihn heute Abend abholen», sagte Landers zu Elisabeth und umarmte sie noch einmal herzlich. «God bless you, Elisabeth.»

Die Soldaten beugten sich über eine Karte, und Krämer fuhr mit dem Finger einen Bach entlang. «Da könnt ihr langgehen», sagte er auf Englisch.

«Am Oberlauf trefft ihr auf eure 1. Armee, die sich neu formiert.»

«Weshalb sollen wir nicht nach Monschau?», wollte Sergeant Landers wissen. Krämer übersetzte.

«Zu gefährlich!», rief Lehnert. «Die Umgebung von Monschau gehört wieder uns!»

Die deutschen Soldaten nickten sich zu. Keine gute Idee: Die drei Amerikaner würden ihren Leuten möglicherweise direkt vor den Gewehrlauf wandern.

«Ich wünsche mir, dass ihr eines Tages dahin zurückkehrt, wo ihr hingehört, nämlich nach Hause. Gott beschütze euch alle», sagte Elisabeth Vincken zum Abschied.

Alle gaben sich freundschaftlich die Hände.

Dann zog Peters einen Kompass aus seiner Manteltasche und überreichte ihn Landers zögerlich. Es kostete ihn unendlich viel Überwindungskraft.

«Hier, nehmen Sie ihn. Krämer hat noch einen. Ich brauche ihn nicht. Damit Sie sich nicht mehr verlaufen. Und nicht nach Monschau, klar?», mahnte Peters nochmals.

Landers blickte ihn mit Tränen in den Augen an und gab ihm die Hand. «Thank you, officer. What a surprise! All the very best to you.»

Instinktiv zog Peters seine Hand leicht zurück. Er besaß die eigentümliche Art, jeden emotionalen Moment sogleich zu unterbrechen. Jetzt bloß keine großen Gefühle aufkommen lassen! Doch in seinen Augen leuchtete ein freundschaftlicher Glanz.

Krämer rief voller Freude in englischer Sprache: «Ich hoffe, dass wir uns nach diesem verfluchten Krieg wiedersehen! Dann trinken wir zusammen ein Bier!», und winkte ihnen lachend nach.

«See you soon!», schrien die Amerikaner in den winterlichen Morgen hinein und antworteten mit herzlichem Gelächter. Es klang ehrlich und erleichtert, und es schien, als würde dieses Lachen an Ort und Stelle einen Abdruck von Verbundenheit und Zuversicht zurücklassen. Sie setzten sich in Bewegung und wandten ihre Köpfe den Sonnenstrahlen zu, die jetzt immer stärker zwischen den Bäumen hindurchbrachen. Den Spion trieben sie vor sich her.

«Wer weiß», dachte Sergeant Landers mit der Intuition eines Hoffnungsvollen, «vielleicht sind wir alle schon bald zu Hause. At home. At home like never before.»

Unteroffizier Peters blickte noch einmal etwas gedankenverloren zur Hütte zurück und hob kurz die Hand.

«Frau Vincken», rief er, «Sie können stolz sein auf Ihre Söhne …», er hielt inne, «… auf beide!»

43. Aus Überzeugung

Elisabeth und Fritz beobachteten, wie die Soldaten von der Lichtung in den Wald eintauchten und dann langsam verschwanden.

«Na?», fragte Elisabeth ihren Sohn. «Begreifst du jetzt, weshalb ich den Männern Unterschlupf gewähren wollte?»

«Ich glaube, du hast es aus Überzeugung getan, oder?», meinte Fritz unsicher und schaute seine Mutter forschend an.

Ihr Blick hing immer noch an den Tannenbäumen, die die Soldaten verschluckt hatten.

«In gewissen Situationen ist es unsere Aufgabe, mit dem Herzen zu denken, nicht rational.»

«Du meinst, menschlich zu denken, nicht?»

«Ja, Fritz, menschlich.»

«Trotzdem hätten sie uns erschießen können, Mutter.»

Elisabeth schwieg. «Wer weiß das schon …?», sagte sie nachdenklich.

Plötzlich fiel ihr ein, dass sie Stafford noch das Frühstück bringen wollte. Als sie in ihre Schürze griff, spürte sie die Waffe in ihrer Hand. Sie würde sie den Sanitätern übergeben, wenn sie am Abend mit dem Jeep kommen würden, überlegte sie.

Unweigerlich musste sie an die Dankbarkeit der Soldaten denken, als sie ein warmes Essen bekommen hatten, an die Gespräche mit Sergeant Landers und an den Gefreiten Krämer, der sie gewarnt hatte vor Peters und seinen unberechenbaren Reaktionen. Sie prägte sich diese Worte, Gesten und letzten Abschiedsszenen in ihrem Gedächtnis als etwas Kostbares, Einmaliges und Wertvolles ein. Jetzt war sie fest davon überzeugt, richtig gehandelt zu haben. Ja, sie hatte das Richtige getan. Vor Gott und den Menschen. Wenn auch nicht vor den Diktatoren dieser Welt, denen der einzelne Mensch und die Sprache des Herzens nichts wert waren …

Und in ihr arbeitete es. «Dieses Weihnachtsfest war das schönste, das ich bisher erlebt habe», dachte Frau Vincken. Sie nahm ihr Glück sehr wohl wahr – aber auch die Müdigkeit in ihren Gliedern. Und sie wusste, dass sie die Kraft der Liebe nie zuvor in ihrem Leben so stark gespürt hatte. «Danke», sagte sie in ihrem Innern, «dass du für uns Mensch geworden bist, Jesus.» Und dann stockte sie, atmete tief durch und fuhr fort: «… und dass du uns nicht alleingelassen hast in dieser Nacht. Bitte bleibe bei uns. Bleibe bei meiner kleinen Familie. Bei meinem Fritz. Bei den Soldaten. Bei Stafford. Und, ja … auch bei Peters. Auch bei ihm.»

44. Es ist wahr, Vater!

Plötzlich hatte es Fritz furchtbar eilig. Er rannte in sein Zimmer, zog Papier und Bleistift aus seiner Schublade und begann zu schreiben. Diese ungewöhnliche Geschichte wollte er möglichst genau aufzeichnen. Sonst würde niemand sie ihm jemals glauben.

Er schrieb und schrieb. Flink flog der Bleistift über das Papier. Dabei musste er an Julia denken, das hübsche Nachbarsmädchen. Hoffentlich würde er sie bald wiedersehen. Endlich hatte er ihr etwas zu erzählen! Würde sie ihm überhaupt zuhören? Bestimmt, dachte Fritz. Sicher sogar.

Da hörte er plötzlich die Stimme seines Vaters in der Stube und vernahm, wie dieser mit eigentümlichen Lauten mit dem kranken Soldaten sprach, dem es bereits besser ging. Was konnten die beiden da reden? Vater sprach doch kein Englisch, dachte Fritz. Als die Tür ging und sein Vater endlich ins Zimmer trat, konnte er sich kaum von der Geschichte abwenden, die schon fast fertiggeschrieben war. Nur kurz sah Fritz auf und begrüßte Papa mit einem Kuss auf die Wange.

«Fröhliche Weihnachten, Fritz. Ich habe soeben mit dem verletzten Amerikaner gesprochen. Netter Kerl. Allerdings konnte ich mich nur mit Händen und Füßen verständigen. Was war denn da los? Er wird heute Abend abgeholt, sagt Mutter.»

Nun hob Fritz zum Sprechen an, doch sein Vater plauderte munter weiter und legte ihm Armeeschokolade auf den Tisch.

«Schwere Verletzung. Gut, dass Mutter ihn aufgenommen hat. Es ist zwanzig Grad minus. Wie ich gehört habe, waren auch noch andere hier …»

«Papa!», rief Fritz und nahm glücklich die Schokolade. «Bitte, lass mich alles erzählen, Papa!» Und er begann vorzulesen, was er soeben niedergeschrieben hatte.

Je länger Fritz las, desto größer wurden Herrn Vinckens Augen. Als der Junge geendet hatte, rief sein Vater: «Amis und die Wehrmacht zusammen hier in unserem Haus? Aber ist denn so etwas möglich? Ist diese Welt dem Wahnsinn verfallen?»

Jetzt wurde Fritz energisch und erhob sich. Der Vater war größer als der Sohn, aber dem Jungen kam es so vor, als stünde er mit ihm auf Augenhöhe. War er in diesen wenigen Stunden seit gestern etwa reifer geworden?

«Vater! Ich weiß, es klingt verrückt, was wir erlebt haben, aber du musst uns glauben. Diese Geschichte ist wirklich wahr!»

Nachwort der Autorin

Ja, die Geschichte geht in ihrem Kern tatsächlich auf eine wahre Begebenheit zurück. Fritz Vincken gab es wirklich, und er hat in der Ardennenschlacht, einer der größten und schlimmsten Schlachten im Zweiten Weltkrieg, gemeinsam mit seiner Mutter unerwartete Gäste empfangen.

Die Amerikaner – im realen Leben mit Namen Jim, Ralph und Harry – suchten Unterschlupf, nachdem sie ihre Leute verloren hatten und drei Tage im Wald herumgeirrt waren. Frau Vincken zögerte damals keinen Augenblick und bat die Versprengten herein.

Ausschlaggebend war die Mutterliebe von Frau Vincken, denn Fritz berichtet, die Soldaten hätten alle sehr jung ausgesehen. Den verletzten Soldaten zu pflegen war gleichzeitig auch eine lebensrettende Entscheidung, denn es herrschten rund minus zwanzig Grad. Der Soldat wäre sonst wohl erfroren oder wäre verblutet.

Später am Abend klopften vier deutsche Soldaten an. Auch sie hatten ihre Einheit verloren und wollten in der Hütte unterkommen. Ohne langes Hin und Her beschlossen sie, bei den Vinckens im Haus einzutreten und zu übernachten. Sie sprachen nicht viel, waren todmüde, der Krieg hatte sie gleichsam aufgezehrt.

Der Medizinstudent kümmerte sich rührend um den Verwundeten. Er sprach fließend Englisch und konnte sich gut mit den Amerikanern unterhalten. Die beiden anderen deutschen Soldaten werden, im Gegensatz zum Unteroffizier, ebenfalls als sehr jung beschrieben.

Am Anfang war die Situation im Haus verständlicherweise angespannt. Doch beim Essen wich die Spannung, wichen Zweifel, Misstrauen und Feindschaft, und die Soldaten begannen aufzutauen. Später wurden die Sterne betrachtet, und dann gingen alle schlafen. Am nächsten Morgen nahm man freundschaftlich Abschied voneinander.

Fritz Vincken war von den Amerikanern derart angetan, dass er als erwachsener Mann beschloss, in die USA auszuwandern. Dort schrieb er später das Erlebte auf. Dieser ganz «private» Waffenstillstand ist eine einzigartige Geschichte, die in Amerika viel bekannter ist als hier; sie wurde sogar verfilmt («Silent Night», 2002).

Fritz Vincken traf in den USA zwei der drei amerikanischen Soldaten wieder. Einer der beiden besaß immer noch den Kompass, den ihm einer der Deutschen gegeben hatte. Die deutschen Soldaten hat Fritz Vincken leider nicht mehr wiederfinden können. Im Jahr 2001 ist er verstorben.

Geschichtlicher Hintergrund

Die **Hitler-Jugend** war eine Organisation der Nationalsozialistischen Deutschen Arbeiterpartei (NSDAP). Alle Kinder und Jugendlichen von 10 bis 18 Jahren hatten sich der Organisation anzuschließen und wurden zweimal die Woche ideologisch und körperlich ausgebildet. Der Beitritt konnte vom Regime polizeilich erzwungen werden. Jungen sollten zu diensttauglichen Soldaten und Mädchen zu arbeitstüchtigen Frauen herangebildet werden. Ziel war es, dem deutschen Volk zu dienen.

In sogenannten «Wehrertüchtigungslagern» wurden rund 20.000 Jugendliche auf den Krieg vorbereitet. Wer sich verweigerte, musste mit harter Strafe rechnen. Man überbrachte die Jugendlichen in Konzentrationslager.

Im Sommer 1944 schloss sich eine Gruppe der Hitler-Jugend (16- bis 18-Jährige) einer SS-Panzer-Division an und kämpfte in der Normandie. Sie waren jedoch nur schlecht ausgebildet und unzureichend bewaffnet. Die meisten von ihnen starben auf dem Schlachtfeld.

Ende September 1944 begannen die Alliierten, gegen den **Westwall** anzustürmen. Der Westwall der Wehrmacht zog sich bis auf wenige Lücken von der niederländischen Grenze bis an die Schweizer Grenze. Die deutschen Truppen waren bereits schwer angeschlagen, der Westwall war nicht mehr auf der Höhe der Zeit und mittlerweile geschwächt.

Damals kämpften die deutschen Soldaten schon längst nicht mehr für das Hitler-Regime, sondern nur noch für die eigenen Leute: Mütter und Väter, Ehefrau und Kinder. Es ging nur noch ums nackte Überleben. Sie meinten, auf diese Weise ihr Heimatland zu verteidigen.

Im Oktober 1944 liefen die Amerikaner im etwa zwanzig Kilometer südöstlich von Aachen gelegenen **Hürtgenwald,** durch den sich der Westwall zog, der deutschen Wehrmacht direkt in die Schusslinie. Die Deutschen kannten sich aus in den Wäldern der Nordeifel, während die Amerikaner dort oftmals ziellos umherirrten.

Nach zehn Tagen schwerer Kampfhandlungen hatten die Amerikaner 4500 Mann verloren, die Deutschen 3200 Mann. An Gelände gewonnen hatten die gut ausgerüsteten Amerikaner lediglich 2,7 Kilometer.

Am 2. November 1944 («Allerseelenschlacht», erfolglos) und am 16. November 1944 («Operation Queen», geringe Geländegewinne) starteten dort erneut Großoffensiven der US-Armee. Endgültig endeten die

Kämpfe in jenem Raum erst im Februar 1945. Die **Schlacht im Hürtgenwald** ist eine der schwersten des Zweiten Weltkrieges überhaupt gewesen; Amerikaner und Deutsche hatten insgesamt jeweils 12.000 Tote zu beklagen.

Die **Ardennenoffensive,** auch «Unternehmen Wacht am Rhein» genannt, war die vorletzte große Wehrmachtsoffensive und begann am 16. Dezember 1944. Sie wurde mit Absicht in eine Schlechtwetterphase gelegt, um unbehelligt von den überlegenen alliierten Luftstreitkräften vordringen zu können.

Es sollten Teile im Osten und Nordosten von Belgien (Hafen von Antwerpen, über den der Großteil des alliierten Nachschubs lief) sowie Teile des Großherzogtums Luxemburg zurückerobert werden. Die Wehrmacht stellte dafür rund 200.000 Soldaten bereit. Die meisten dieser Soldaten waren unerfahren, da noch sehr jung (16 bis 18 Jahre alt) oder aus dem Lazarett an die Front zurückgekehrt. Die 9th Infantry Division der Amerikaner wurde von Westdeutschland (Hürtgenwald) an die Grenze abgezogen. Die 6. SS-Panzerarmee sollte einen Weg durch das unwegsame Gelände in den Ardennen bahnen und die Alliierten zurückwerfen. Das Unternehmen wurde streng geheim gehalten.

Die Amerikaner, die das Ardennengebiet auch als Erholungsraum für verletzte oder müde Soldaten nutzten, hatten nicht mit einer derart groß angelegten Offensive der Deutschen gerechnet.

Für die Unterstützung der Offensive wurde das **Unternehmen Greif** gestartet. Rund 2700 deutsche Soldaten, von denen allerdings nur knapp dreißig perfekt Englisch sprachen, wurden mit Erkennungsmarken gefallener amerikanischer Soldaten ausgestattet. Sie trugen auch deren Kleidung und eigneten sich ihre Verhaltensweisen an. Amerikaner rauchten beispielsweise ihre Zigaretten nie zu Ende oder legten beim Essen die eine (meist rechte) Hand in den Schoß.

Um von regulären deutschen Soldaten nicht mit dem Feind verwechselt zu werden, wurden Erkennungszeichen vereinbart. Traf ein Spion in amerikanischer Aufmachung auf deutsche Kameraden, zog er sogleich den Helm ab oder gab bei Nacht rot-blaue Leuchtzeichen mit seiner Taschenlampe.

Die Aufgabe war es, die Alliierten mit falschen Informationen zu verwirren. Trotz recht guter Vorbereitung wurden einige Spione von den Amerikanern enttarnt und gefangen genommen.

Die Deutschen konnten mit dem Unternehmen

Greif die US-Streitkräfte so stark verunsichern, dass sogar General Eisenhower sich überall schärfsten Kontrollen seiner eigenen Landsleute unterziehen lassen musste.

In der Ardennenoffensive, die am 21. Januar 1945 endete, fielen über 19.000 Amerikaner und mehr als 17.000 deutsche Soldaten.

Im Mai 1945 kapitulierte Deutschland, womit der **Zweite Weltkrieg** in Europa endete (im pazifischen Raum erst im August 1945 mit der Kapitulation Japans). In diesem Krieg verloren rund 65 Millionen Menschen ihr Leben.

Auch heute noch sind Vermisstenmeldungen im Internet zu finden. Manche Angehörige haben ihre Väter, Brüder oder Freunde, die im Zweiten Weltkrieg verschollen sind, nicht aufgegeben.